처음 만나는 회사용 이커머스 가이드북

회사에서 이커머스를 시작합니다

| 한이룸 저 |

DIGITAL BOOKS
디지털북스

처음 만나는 회사용 이커머스 가이드북

회사에서
이커머스를
시작합니다

| 만든 사람들 |

기획 IT · CG 기획부 | 진행 박소정 | 집필 한이룸 | 일러스트 장우성
표지 디자인 원은영 · D.J.I books design studio | 편집 디자인 이기숙 · 디자인 숲

| 책 내용 문의 |

도서 내용에 대해 궁금한 사항이 있으시면
저자의 홈페이지나 디지털북스 홈페이지의 게시판을 통해서 해결하실 수 있습니다.

디지털북스 홈페이지 digitalbooks.co.kr
디지털북스 페이스북 facebook.com/ithinkbook
디지털북스 인스타그램 instagram.com/digitalbooks1999
디지털북스 유튜브 유튜브에서 [디지털북스] 검색
디지털북스 이메일 djibooks@naver.com
저자 홈페이지 rebrandb.com
저자 유튜브 youtube.com/@irum_hahn
저자 브런치 brunch.co.kr/@hahnoynr
저자 이메일 cole@rebrandb.com

| 각종 문의 |

영업관련 dji_digitalbooks@naver.com
기획관련 djibooks@naver.com
전화번호 (02) 447-3157~8

머리말

어느 날 달력을 보는데 새삼 놀랐습니다. 제가 이커머스를 한 지 벌써 20여 년이 흘렀더군요.

이 책은 제 20년간 회사에서 이커머스를 하는 법에 대한 노하우를 담았습니다. 개인용 쇼핑몰 창업 관련 책은 많은데, 회사에서 이커머스 잘하는 방법에 대한 책은 찾을 수가 없어 이 책을 쓰게 되었습니다. 제가 이커머스 비즈니스를 하는 동안 가장 많이 듣고, 궁금했던 모든 내용을 정리했습니다.

제가 처음 이커머스를 진행할 때는 몇몇의 대기업 말고는 회사에서 이커머스를 하는 경우는 드물었습니다. 한다고 해도 대부분 벤더나 총판 등의 거래처를 통한 간접 진출 정도였죠. 더불어 이커머스 제품의 시장 침투율 15%를 넘기 어려웠습니다. 어떻하면 오프라인 고객을 온라인으로 데려올 수 있을지 늘 고민했던 기억이 아직도 생생합니다.

20년이 지난 지금은 회사에서 이커머스를 빼놓고 생각할 수 없습니다. 하지만 아직도 많은 회사들이 이커머스 비즈니스를 오프라인 시스템을 그대로 적용하여 운영하고 있습니다. 그래서 이커머스 비즈니스가 전문화가 되기 어려운 현실을 많이 봤습니다. 외국계 기업에서 이커머스 업무를 담당하면서 해외에서의 효과적인 업무 포지션과 비즈니스 전략을 수립을 할 수 있는 방법을 이 책에 담았습니다. 이 책을 통해 회사에서 이커머스 비즈니스를 성공적으로 나아갈 수 있다고 확신합니다.

책을 보다 궁금한 점이 있다면 언제든지 제 이메일(cole@rebrandb.com)로 문의해 주세요.

저자 한이룸

CONTENTS

이 책의 소개 및 구성

이 책은 이커머스 비즈니스 운영에 어려움을 겪고 있을 이커머스 리더와 관련 팀 혹은 부서 직원을 위해서 작성했습니다. 경력 20년 이커머스 전문가가 직접 겪은 경험을 토대로, 이커머스 비즈니스의 시작부터 사업 계획 후 성장시키기까지 성공적으로 이끌어가는 방법을 담았습니다.

CHAPTER 01 들어가며

보통 이커머스하면 쇼핑몰 개인 창업을 먼저 떠올리겠지만, 개인 쇼핑몰뿐 아니라 회사가 운영하는 쇼핑몰도 있습니다. 이커머스란 말도 생소한데, 회사에서 이커머스를 하는 건 개인 쇼핑몰을 운영하는 것과 무슨 차이가 있는지 궁금하다면 이 장을 꼭 읽어보길 바랍니다. 회사에서 이커머스를 한다는 건 무엇이고, 처음 시작하는 입장에서 이 책을 어떻게 읽으면 좋을지를 안내하였습니다.

CHAPTER 02 한국의 이커머스 시장

국내 이커머스 시장은 역동적입니다. 그만큼 다양한 변수가 있고 트렌드의 변화 또한 빠르기에, 시장의 흐름을 읽고 소비자의 마음을 사로잡을 방법을 찾는 것이 중요합니다. 이 장에서는 이커머스 비즈니스를 시작하기 전에 알고 있으면 좋을 이커머스 트렌드를 담았습니다. 이커머스 시장을 어떻게 바라보아야 할지 도움을 얻을 수 있길 바랍니다.

CHAPTER 03 이커머스 시작하기

이커머스를 시작하기 위해 조직 구성을 계획하는 것도 중요하지만, 그 전에 정해야 할 것은 이커머스의 목적과 방향입니다. 회사가 세일즈에 집중할지, 마케팅에 집중할지 아니면 둘 다 잘해야 하는지를 정해야 초기 운영 방향이 잡힙니다. 이 장에서는 이커머스 세일즈 및 마케팅 전략을 세울 때 고려할 점, 이커머스 비즈니스를 시작하기 전에 필요한 서류를 정리하였습니다.

CHAPTER 04 비즈니스 모델 선정하기

비즈니스 모델을 계획할 때, 외부몰 입점과 자사몰 개설 중 어떤 방법이 회사에 유리할지 고민이 들 것입니다. 혹은 외부몰과 자사몰을 모두 한다거나 통합 솔루션을 이용하는 경우를 생각해볼 수도 있습니다. 이 장에서는 온라인몰 판매 모델별 특성 및 입점 시 장단점, 추천 정보를 알려드립니다.

CHAPTER 05 이커머스 조직 구성

이커머스 조직 구성은 당연히 비즈니스 모델에 따라 다릅니다. 이커머스 포지션은 업계의 특성, 기존 조직의 유무, 리더의 사고방식 등에 따라 천차만별이기에 사실 정답은 없습니다. 기본적인 비즈니스 운영을 위한 초기 인력 구성을 어떻게 잡으면 좋을지 고민이라면, 이 장에서 추천하는 구성을 참고해보시길 바랍니다.

CHAPTER 06 성과 평가하기

이커머스 팀은 다양한 직군이 모여 다양한 업무를 수행하다 보니 정량적 평가가 어려운 면이 있습니다. 이 장에서는 이커머스 성과 평가에 중요한 지표인 KPI와 키 매트릭스 15가지를 정리했습니다. 특히 이커머스 주요 포지션(이커머스 팀장, 세일즈 매니저, 마케팅 매니저)이라면 꼭 이 지표들을 확인하고 숙지하시는 것이 좋습니다.

CHAPTER 07 이커머스로 성과내기

비즈니스 모델 결정 후 조직 구성, 판매할 제품에 대한 고민이 어느 정도 해결되었다면 성과를 내기 위한 전략을 고민할 차례입니다. 효율적인 판매를 기대할 수 있는 제품을 선정하고, 제품을 매력적으로 보여줄 상세 페이지를 기획하고, 구매 전환율을 끌어올리는 방법을 찾고, 재구매가 지속적으로 일어나도록 하는 것을 말이죠. 결국 이커머스의 순환 구조를 만들기 위한 전략을 생각하는 것이라 볼 수 있습니다. 이 장에서는 이러한 전략을 세울 때 고려할 점과 몇 가지 사례를 소개합니다.

CHAPTER 08 디지털 마케팅 전략

이커머스의 마케팅은 고객의 여정을 따라 움직입니다. 대상 고객이 유입되어 상품을 구매하는 과정까지 전체적으로 관여하게 되죠. 이 장에서는 이커머스 비즈니스 성공을 위한 마케팅 주요 전략 두 가지(외부 트래픽 유입 전략과 구매 전환율 상승 전략)를 이야기하고, 그에 관련한 사례 혹은 도움을 주는 서비스를 소개합니다.

CHAPTER 09 쇼핑몰 속도 최적화

웹사이트 속도는 고객의 경험에 영향을 줍니다. 예를 들어 광고를 보고 마음에 들어서 상품 정보를 확인하려는데 상세 페이지가 계속 로딩 중인 상태라면 어떨까요? 사이트를 이탈하거나 불만을 느끼고 다음에는 구매를 안 하는 등 소비자들이 부정적인 경험을 얻게 될 것입니다. 특히 자체 솔루션을 사용하거나 기간계 서비스와 연동한다면 이런 문제에 주의할 필요가 있습니다. 이 장에서는 웹사이트 성능 관리에 도움을 주는 도구를 소개하고 성능 개선을 위해 고려할 사항을 알려드립니다.

CHAPTER 10 사업 계획하기

조직 구성 후에는 사업을 계획해야 합니다. 먼저 시장 환경과 경쟁사를 분석하고 고객 행동이나 판매 통계, 웹사이트 트래픽 등의 데이터를 활용하여 목표를 설정할 것입니다. 그리고 이러한 데이터를 기반으로 프로모션 전략을 세우고, 매출 목표를 정하는 등의 과정으로 나아가게 될 것입니다. 이 장에서는 이커머스 사업 계획을 위해 준비할 것들을 다룹니다.

CHAPTER 11 비즈니스 고려사항

반품 관리, CS, 가격 충돌 등 이커머스 비즈니스에서는 고려해야 할 사항이 많습니다. 이 장에서는 사례를 살펴보면서 합리적으로 소통하여 문제를 풀어가는 방법을 알아봅니다.

CHAPTER 12 AI를 활용해 이커머스 성장시키기

다양한 산업에 AI를 활용하는 사례가 늘고 새로운 AI 서비스가 계속해서 출시되고 있습니다. 이커머스에 종사하는 분들도 AI를 이커머스에 활용하는 것에 관심이 많은데, 과연 어떻게 활용할 수 있을까요? 이 장에서는 AI를 이커머스에 도입할 수 있는 몇 가지 아이디어, 그리고 이커머스 회사의 AI 도입 사례를 소개합니다.

CHAPTER 13 마치며

이 장까지 왔다면 개인 창업자와 회사 이커머스가 다름을 어느 정도 알게 되셨을 겁니다. 이커머스의 성숙기가 도래하고 앞으로 이커머스 시장을 어떤 시선으로 바라봐야 할지, 어떤 마인드셋이 필요할지, 회사 이커머스가 성장할 수 있는 궁극적인 목표는 무엇일지를 생각해볼 수 있길 바랍니다.

주제 / 내용

이커머스 비즈니스를 처음 시작하는 분을 대상으로 알아두면 유익할 정보를 담았습니다.

그림

이미지나 도식화한 그림을 통해 이해를 돕습니다.

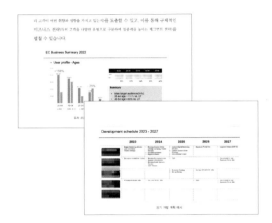

박스 / 표

주요한 개념이나 사례, 트렌드 등을 다루었습니다.
본문과 더불어 참고하면 좋을 정보는 표로 정리했습니다.

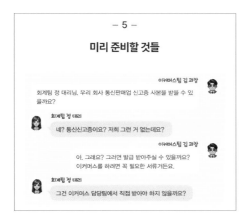

대화문

회사에서 이커머스를 하다 보면 예상치 못했거나, 마주하기 곤란한 일이 일어나기도 합니다.

여러분이 흔히 겪을 수 있거나 어려움을 느낄 수 있는 상황을 대화문으로 담아 보았습니다.

대화문과 본문을 참고하여 비슷한 문제가 생겼을 때 현명하게 대응할 수 있길 바랍니다.

AI 활용

CHAPTER 12에서는 AI를 활용하여 이커머스를 성장시키는 방법을 안내합니다.

이커머스에 AI를 도입할 수 있는 다양한 아이디어, 이커머스에 활용하기 좋은 AI 서비스를 소개하니 참고하여 보는 것도 좋습니다.

이것만은 알고 가자

이커머스란 무엇일까

이커머스(E-commerce)는 전자상거래(흔히 온라인 쇼핑으로 알고 있죠) 라고도 부르며 온라인 환경에서 상품 혹은 서비스를 사고 파는, 즉 '거래'를 하는 행위를 의미합니다. 그리고 그 거래는 상품 혹은 서비스를 파는 사람(판매자)와 사는 사람(소비자)을 이어주는 공간인 이커머스 플랫폼을 통해서 이뤄집니다.

이커머스 채널

이커머스 플랫폼(이커머스 채널이라고도 부름)의 종류는 다양합니다. 흔히 우리가 아는 곳으로 쿠팡, 네이버 쇼핑이 있습니다. 플랫폼을 나누는 기준을 크게 하면 기업이 쇼핑 플랫폼에 입점하느냐 아니냐로 볼 수 있고, 좀 더 세세하게 나누면 다음과 같이 볼 수 있습니다.

- 소셜커머스 (예: 쿠팡, 위메프, 티몬)
- 오픈마켓 (예: G마켓, 11번가)
- 종합몰 (예: SSG, 롯데닷컴)
- 온라인 홈쇼핑 (예: GS SHOP)
- 전문몰 (예: 무신사, 컬리, 오늘의집)
- 자사몰

아직은 이러한 분류가 복잡하다고 느껴질 수 있으니, 지금은 외부몰로 입점하는 경우와 자사몰로 시작하는 경우 이렇게 크게 나눠서 보는 것도 좋습니다.

비즈니스 모델

이커머스를 정의할 때 '거래'라고 간단하게 표현했지만, 거래 대상과 거래 방향에 따라 다양한 유형으로 나뉩니다. 예를 들면 아래와 같은 유형이 있습니다.

B2C(Business to Customer)	기업과 소비자 간 거래
B2B(Business to Business)	기업과 기업 간 거래
C2C(Customer to Customer)	소비자와 소비자 간 거래
C2B(Customer to Business)	소비자와 기업 간 거래
B2G(Business to Government)	소비자와 기업 간 거래

거래 유형을 결정하는 일은 결국 사업하려는 제품 혹은 서비스를 가지고 누구에게 어떤 가치를 전달해 어떻게 수익을 낼 건지 전략을 세우는 것과 같습니다. 따라서 앞으로는 이러한 거래 유형을 비즈니스 모델이라고 통칭하겠습니다.

- CHAPTER 01 -

들어가며

— 1 —

이커머스 해볼까

 전 직장 선배

어휴, 요즘 회사에서 이커머스 좀 해보라고 난리야!
어떻게 해야 돼? 나 이제 나가서 치킨집 알아봐야 할까봐. 어떻게 하지? 자네도 알겠지만 나 컴맹이잖아. 엑셀도 겨우 하는데 그 복잡한 이커머스를 어떻게 하라고 하는 건지 원…

 대학 후배

형, 회사에 이커머스 포지션이 생겨서 지원해보려고 하는데 어떻게 해야 될까요?

 전 직장 후배

아, 선배님. 이번에 새로 뽑은 대리 한 명이 또 나간데요. 온라인 애들은 왜 이렇게 이직을 많이 할까요? 이쪽 시장이 그렇게 핫한가요?

 직장 동료

Hey Cole, 지금 미국 본사에서 국내 이커머스 전략을 빨리 이야기해달라고 해야 하는데 어떻게 해야 되지? 지난 달에 뭐 한 거 없어? 빨리 좀 이야기해줘.

　최근 들어 주변인들의 이커머스 문의가 많습니다. 위와 같은 내용뿐만 아니라 면접 때 이야기를 해야 될 팁이나 회사 내 조직 구성에 대한 문의도 계속 늘고 있는데요. 다양한 분야에서 이커머스를 시도하는 사례를 많이 보게 됩니다. 하지만 많은 기업들이 이커머스에 관심을 보인다는 것은 알아도 이커머스가 정확히 무엇인지는 잘 모르는 분들이 여전히 많습니다.

이커머스, 쇼핑몰 하면 여러분은 뭐가 떠오르세요? 스마트스토어? 지마켓? 창업 다마고치? 신사임당?

보통 개인 창업을 먼저 떠올릴 겁니다. 하지만 이커머스는 비단 개인뿐만 아니라 기업들도 하고 있습니다. 누구든 아는 기업부터 한 번쯤은 이름을 들어 본 기업, 아무도 잘 모르는 신생 기업에 이르기까지 다양한 규모의 기업이 이커머스에 뛰어들고 있습니다. 개인 쇼핑몰을 잘하는 건 뭔지 알겠는데, 회사에서 이커머스를 잘하는 것은 무엇일까요? 개인이나 회사나 쇼핑몰에서 제품을 판매하는 것은 다 같은데 다른 점이 있을까요?

제 궁금증은 여기서부터 시작되었습니다.

왜냐하면 회사에서 이커머스를 잘한다는 분들을 많이 뵙지 못해서인데요. 반대로 국내에서 가장 큰 유통사에서 이커머스 전문가로 활약했던 분들이 개인 사업을 시작해서 잘되지 못한 사례도 종종 듣습니다.

한 번은 개인 쇼핑몰을 운영을 잘했던 직원을 채용한 적이 있었는데, 그 경험 많던 직원이 회사에서는 영 실력을 발휘하지 못했습니다. 도대체 왜 이런 일이 일어날까요? 회사에서의 이커머스는 무엇이 다른 걸까요?

자세히는 몰라도 양쪽이 다르긴 한 것 같습니다. 그런데 그 차이를 알려고 해도 개인 쇼핑몰 창업에 관련된 글이나 서적은 많지만 회사용 이커머스를 이야기하는 글이나 정보는 찾아보기가 어려웠습니다.

한 번은 처음 이커머스를 시작하려고 준비하는 회사로 이직 면접을 본 일이 있었습니다. 회사 입장에서는 이커머스 전문가가 필요했기에 제게 궁금한 점이 많으리라 생각했습니다. 하지만 회사는 정작 저에 대해 궁금하다기보다 채용 인원, 조직 구성 등이 더 궁금한 듯 보였습니다. 그때 누군가는 이커머스 비즈니스란 미지의 영역이고 이커머스 포지션은 전문성이 상당히 필요한 인력이라고 생각한 것 같습니다. 한편으로는 이커머스 포지션으로 채용된 직장에서 어려움을 겪는 직원도 많이 보곤 했습니다. 다음의 예시처럼 말이죠.

전국 대리점에 볼펜을 납품하는 A 중견 기업이 있었습니다. 이들은 수십 년 동안 다져온 탄탄한 오프라인 영업 라인에서 꾸준하게 매출을 만들 수가 있었는데요. 이들은 학교 근처의 문구점의 영업이 잘되어 있어 꾸준한 매출이 발생되고 있었습니다. 그런데 어느 날 A 기업의 사장님은 아침에 매일경제 신문의 이커머스 기사를 읽자마자 벌떡 일어나 우리도 이커머스를 직접 해야 한다고 외쳤습니다. 곧 회사는 채용 공고를 올리고 이커머스 전문가라고 불리는 김 과장을 회사 평균 연봉보다 800만 원을 더 주고 뽑았습니다.

회사는 면접 때 많은 지원을 약속했지만 채용 후에는 막상 전문가라는 그의 말을 들어주기가 어려웠습니다. 회사뿐 아니라 채용된 김 과장도 불편함을 느끼긴 마찬가지였습니다.

출처: AI로 그린 그림

왜 이런 일들이 벌어질까요?

당장 성과는 보이지 않고 정답이 존재하지 않는 세계. 그리고 다양한 이해관계가 오고가는 비즈니스 특성상 회사에서 이커머스를 운영하는 것은 결코 쉽지 않은 길입니다. 어쩌면 복잡하고, 어쩌면 두렵고 낯설게 느껴질 수 있습니다. 하지만 그럼에도 앞을 향해 한발 한발 나아가려는 여러분에게 도움이 되고자 제가 겪은 경험을 바탕으로 회사용 이커머스에 대해 이야기해보겠습니다.

회사 입장에서 이커머스라는 조직을 어떻게 잘 운영할 수 있는지, 반대로 이커머스 담당자는 회사에서 어떻게 성과를 낼 수 있는지에 대해서 제가 그동안 느꼈고 배웠던 경험을 토대로 이커머스에 대한 사용 설명서를 적어 보겠습니다.

− 2 −

이커머스 전문가 되기

이커머스라는 단어를 보고 "어휴~ 머리 아퍼"라고 반응하기도 하고, "아~ 가격 가지고 매출하는데?"라고 말을 하거나 "우리의 미래 아니야?"라고 이야기하는 분도 계십니다.

제가 회사에서 이커머스 업무를 하면서 느낀 점은 대부분의 직원에게 이커머스는 피할 수 없는 큰 산이며, 그 산이 우리 앞에 점점 다가온다는 것입니다. 하지만 이러한 흐름에도 불구하고 여전히 이커머스를 부정적으로 보는 기업, 이커머스 도입을 주저하는 기업이 생각보다 많습니다. 생각해보면, 제가 경험한 기업들은 생각보다 변화를 싫어하거나 실패하는 것에 대한 두려움 때문에 기존의 비즈니스 유지를 선호했습니다. 그리고 실제로 비즈니스나 유통 구조를 바꾸는 것은 생각보다 쉬운 일이 아니라서 기업들은 대부분 유통의 변화에 대해 보수적인 입장을 취하게 됩니다.

시장의 변화를 빠르게 파악하지 못하고 기존의 방식을 고집해서는 시장에서 도태될 우려가 있습니다. 다양한 비즈니스 상황 혹은 기업 내 우려와 걱정으로 주저하다, 결국 이커머스를 도입하려는 기업이 늘고 있고, 회사 간의 비즈니스 구조로 인해 시행착오를 겪고 고민을 하게 됩니다. 새로 시작하는 비즈니스에 이커머스가 합류하는 것은 간단하지만, 기존 비즈니스에 이커머스가 신설된다는 건, 마치 평화로운 가을 논밭을 황소개구리 한 마리가 휘젓고 다니는 느낌일 수도 있습니다.

- 3 -

회사 이커머스의 모든 것

제게 이커머스는 매력적이고 흥분되는 분야였습니다. 반복하는 일을 금방 지루해하는 성격 덕분에 과거의 경험보다 미래의 변화가 더 중요한 포지션이 적성에 맞았고, 끊임없이 호기심을 가지고 궁금증을 해결해 나아가는 과정이 좋았습니다.

이커머스 비즈니스를 경험하게 된 계기는 '나모 웹에디터'로 유명한 '세중나모여행'_{당시 나모인터렉티브라는 회사를 세중여행이라는 곳에서 인수}에서 제안한 신규 사업에 도전한 일이었습니다. '나모스토어즈'라는 임대형 쇼핑몰 서비스를 운영했는데, 당시에는 대부분 자체 개발보다는 임대형 솔루션을 사용하여 쇼핑몰을 열었고, 메이크샵이 시장 점유율이 가장 높았습니다.

그땐 쇼핑몰 솔루션만 판매할 뿐 아니라, 쇼핑몰 창업자 분들의 판매 지원·마케팅·웹 디자인까지 서포트를 해드렸는데, 그 과정에서 이커머스 분야의 많은 것을 배우고 경험했습니다. 그 뒤로 전문몰이라고 불리는 패션 분야에서 리드했던 '트라이씨클'에서 플랫폼 경험, 스웨덴 가전회사 '일렉트로룩스'에서 세일즈 경험, 한국캘러웨이골프에서 이커머스 플랫폼을 글로벌 팀과 빌드업하는 경험까지, 20여 년 동안 이커머스의 모든 영역을 경험할 수 있었습니다.

많은 기업들을 경험하고 파트너사들과 커뮤니케이션을 하다 보면 다양한 이해관계를 보게 됩니다. 기존 비즈니스가 단단한 곳일수록 이커머스를 보는 시선이 보수적일 수밖에 없었고, 때로는 많은 외로움과 고충을 겪은 순간이 많았습니다. 마지막으로 근무했던 외국계 회사 두 곳은 초기에 혼자 업무를 시작했기 때문에 기존 업무를 진행하는 직원들과 이해관계가 상충하였고, 그로 인한 충돌을 조율하는 것이 중요한 문제였습니다.

물론 다양한 산업군과 비즈니스 규모, 판매 제품에 따라 다르게 적용될 수 있습니다. 이 책 한 권으로 모든 것을 마스터할 수는 없겠지만, 일반 회사에서 이커머스 부서의 팀장이나 담당이 아니더라도 어느 조직에서 이커머스 팀을 셋업하거나, 비즈니스를 성장시키기 위한 기본적인 바이블의 역할을 할 수 있도록 구성하였습니다.

이 책을 읽으면 이것이 가능합니다

1. 이커머스 팀장을 채용하지 않아도 이커머스 조직을 구성할 수 있습니다.
2. 누구나 이커머스 향후 5년 혹은 10년의 계획을 세울 수 있습니다.
3. 부서들과의 충돌을 줄이고, 이커머스 매출을 지속적으로 성장하는 방법을 배울 수 있습니다.

CHAPTER 02

한국의
이커머스 시장

이커머스 시장의 변화

영업팀 최 상무

허 부장, 예전이 더 좋지 않았어? 요즘은 말이야. 쇼핑몰이다 뭐다
나와서 복잡하기만 해. 예전 영업 사원들은 패기도 넘치고 거래처와
끈끈함도 있었는데, 요즘 애들은 전화하는 것도 겁을 낸단 말이야.
내가 처음 들어왔을 때는 회사 연수원에서 통나무 메고 산에도 올라
가고 했다니까. 그땐 우리는 투지가 있었어, 투지가.

지금은 괜히 온라인이다, 숫자다 이래서 복잡해지기만 했지. 영업
력이 그런 숫자에서 나온다고 생각하는 젊은 친구들 보면 참 답답
하단 말이야.

얼마 전에 들어온 이커머스 담당자 그 김 과장 말이야. 그 친구는 사
교력도 영 떨어지는 것 같고 영업 사원 같지가 않아. 사장님이 이커
머스 해야 된다고 해서 사람을 뽑긴 했지만 나는 아직도 매장에서 땀
흘리며 끈끈한 정으로 움직이는 오프라인이 좋다고.

그게 진짜 영업이고 비즈니스야. 자네도 잘 알지? 그때 우린 밤새 박
스 하나씩 까면서 일하고 말이야, 새벽에 술 한 잔 하고 출근하고, 그
래도 참 즐거웠었지. 요즘엔 키보드 몇 번 두드리면 비즈니스가 되
는 줄 안단 말이야.

우리나라도 이커머스가 시작된 지 20년이 넘었습니다. 20년 전과 지금과 이커머스 비즈니스가 많은 변화가 있었을까요? 저는 이 일을 하면서 지금도 이커머스를 보수적으로 생각하는 기업이 많을 걸 보면서 종종 놀라게 됩니다. 물론 산업군에 따라 이커머스가 불가능하거나 보수적으로 운영해야 되는 곳도 있습니다. 예를 들면 술과 담배 같은 판매 재제가 있는 제품은 온라인으로 활성화되기 어렵고, B2B_{Business to Business}나 입찰이 필요한 회사도 오프라인 중심으로 운영되는 경우가 많습니다.

하지만 오프라인에서 판매가 영원할 것 같던 제품들도 기술의 발전으로 온라인에서 판매가 가능한 형태로 발전하면서 변화하고 있습니다. 온라인에서 판매가 어려웠던 주류 업체들도 이제 이커머스 담당자를 채용합니다. 자동차 제조사는 온라인에서 직접 물건을 판매하기 시작하고, 심지어 이커머스가 불가능할 것 같은 카테고리, 예를 들어 수천만 원짜리 트랙터도 이제 온라인에서 보고 구매하는 시대가 되었습니다.

■ 테슬라의 이커머스 D2C 전략

테슬라는 전기 자동차 제조사로서 기존의 자동차 판매 모델을 크게 혁신해왔습니다. 전통적으로 자동차는 딜러를 통해 판매되는데요. 이는 고객이 차량을 보고 시승할 수 있는 기회를 제공하지만 중간자에 의해 비용이 증가하고, 제조사와 고객 간의 직접적인 관계를 방해하기도 합니다.

테슬라 홈페이지

테슬라는 소비자에게 직접 판매하는 D2C_{Direct to Consumer} 모델을 채택했습니다. D2C는 온라인을 주된 판매 채널로 사용하는 것을 의미하며, 다음과 같은 특징을 가집니다.

- **온라인 판매**: 테슬라의 모든 차량은 온라인으로 주문할 수 있습니다. 고객은 테슬라의 웹사이트에서 원하는 모델, 사양, 옵션을 선택하고 구매할 수 있습니다.
- **맞춤형 제작**: 고객은 웹사이트를 통해 자신의 차량을 맞춤 제작할 수 있습니다. 색상, 인테리어, 엔진 등을 선택할 수 있습니다. 이를 통해 테슬라는 고객의 개별적인 요구사항에 맞게 차량을 제작합니다.
- **직접적인 고객 관계**: D2C 모델은 테슬라가 고객과 직접적인 관계를 유지하게 해줍니다. 이를 통해 테슬라는 고객 서비스를 개선하고 고객의 피드백을 빠르게 받아들일 수 있습니다.
- **비용 절감**: 중간자 없이 직접 판매함으로써 테슬라는 비용을 절감하고 이를 통해 더 경쟁력 있는 가격을 제공할 수 있습니다.

온라인을 통한 D2C 모델을 채택함으로써 테슬라는 전통적인 자동차 판매 모델을 혁신하고 있습니다. 하지만 이 모델은 미국의 몇몇 주에서는 법적인 문제로 직면하고 있고, 이로 인해 테슬라는 일부 지역에서 판매에 제한을 받기도 합니다. 이런 제약이 있음에도 불구하고 테슬라는 성공적으로 D2C 모델을 확립하고, 이를 통해 자동차 산업에서 혁신을 주도하고 있습니다. 최근 한국에서는 현대자동차가 캐스퍼로 D2C 모델을 진행한 사례가 있습니다.

■ 기존의 유통 구조를 이커머스 형태로 재편한 사례

기존 유통 산업군의 유통 구조를 이커머스 형태로 새롭게 재편한 비즈니스 모델의 사례도 있습니다.

달러 쉐이브 클럽

달러 쉐이브 클럽_{Dallar Shave Club}은 간단하고 합리적인 가격의 제품을 제공함으로써 질레트_{Gillette}와 같은 대기업이 지배하는 면도기 시장에 도전했습니다. 저렴한 비용의 마케팅 비디오가 바이럴 히트를 치며 브랜드 인지도를 크게 상승시켰고, 나중에 유니레버_{Unilever}에 인수되는 큰 성공을 이뤘습니다.

달러 쉐이브 클럽 사이트

워비 파커

워비 파커Warby Parker는 온라인으로 안경을 판매하는 최초의 기업 중 하나입니다. 전통적인 유통망을 거치지 않고 직접 소비자에게 판매하여 가격을 낮추고, 고객 경험을 통제할 수 있는 능력을 강화했습니다. 고객은 집에서 여러 안경을 시도해보고 최종 선택을 할 수 있는 서비스를 제공하여 새로운 소비자 경험을 창조했습니다.

워비 파커 사이트

올버즈

올버즈Allbirds는 친환경 재료로 만든 신발을 판매하는 D2C 브랜드입니다. 전통적인 유통 채널을 배제하고 자체 웹사이트와 소수의 리테일 매장을 통해서만 판매함으로써, 제조 비용을 절감하고 디자인과 소싱에 더 많은 투자를 할 수 있게 되었습니다.

올버즈 사이트

에버레인

에버레인Everlane은 지속 가능하고 윤리적인 방식으로 생산된 의류를 직접 소비자에게 판매합니다. 전통적인 공급망과 유통비용을 줄임으로써 고가의 제품을 합리적인 가격에 제공할 수 있게 되었습니다.

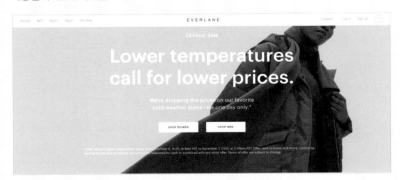

에버레인 사이트

■ 이커머스의 경계를 넘는 비즈니스

MatchingDonors.com

미국에서 운영되는 비영리 웹사이트로, 생체 장기 기증자와 수술을 필요로 하는 환자들을 연결해주는 플랫폼입니다. 이 사이트는 일반적인 이커머스와는 달리 장기 기증이라는 매우 특수한 상황을 다루고 있으며, 이는 장기 수요와 공급이 균형을 이루지 못하는 문제를 해결하기 위한 방안으로써 생겨난 서비스입니다. 이러한 이유로 MatchingDonors.com은 이커머스의 경계를 넘어서는 사례로 볼 수 있습니다.

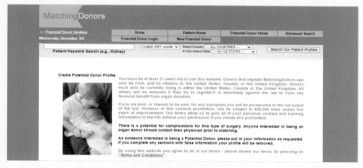

MatchingDonors.com 사이트

Virgin Galactic

우주 여행을 위한 좌석을 예약할 수 있는 웹사이트입니다. 좌석을 예약한 고객들은 우주선에 탑승하여 지구를 떠나 약 100km 높이의 우주로 여행하게 됩니다. 여기서 고객들은 무중력 상태를 체험하며 지구를 위에서 바라볼 수 있습니다. 이렇게 Virgin Galactic은 전통적인 이커머스의 경계를 뛰어넘어, 우주 여행이라는 새로운 상품을 온라인에서 판매하며 시장을 개척하고 있습니다. 이는 상상력과 혁신적인 기술을 결합하여 새로운 소비자 경험을 제공하는 이커머스의 가능성을 보여주는 좋은 예시입니다.

Virgin Galactic 사이트

Private Islands Online

국제적인 부동산 플랫폼으로, 개인 소유의 섬을 판매하거나 임대하는 서비스를 제공합니다. 이 사이트에서는 전 세계 여러 국가에서 판매되는 섬을 찾아볼 수 있으며 가격과 크기, 위치에 따라 검색할 수 있습니다. 특히 버려진 유령 마을이나 개인 소유의 섬을 판매하고 있어, 고유하고 특별한 부동산을 찾는 사람들에게 인기가 있습니다.

Private Islands Online 사이트

The Curator's Eye

고대 유물, 예술 작품, 고급 컬렉션품을 판매하는 온라인 갤러리입니다. 이 사이트는 고급 경매 및 딜러들이 자신들의 제품을 전시하고 판매할 수 있는 플랫폼을 제공합니다. The Curator's Eye는 고객에게 각 아이템의 상세 정보와 사진을 제공하며, 고객이 아이템을 안전하게 구매할 수 있도록 중개 서비스를 제공합니다. 이 갤러리는 특히 고유하고 특별한 아이템을 찾는 컬렉터들에게 인기가 있습니다.

시장의 변화는 빠르고 가파릅니다. 이커머스의 오프라인 침투율도 지속적으로 오르고 있지만 이커머스가 불가능하다고 생각했던 산업군이나 제품 역시 빠르게 늘고 있습니다. 이처럼 다이나믹한 이커머스 트렌드를 예측하는 것은 어렵습니다. 그래서 이커머스 담당자는 늘 변화에 관심을 갖고, 그 변화를 우리 것으로 소화할 수 있는 시점을 가늠하는 것 역시 중요합니다.

다음은 최근 이커머스에서 주목해야 할 트렌드입니다.

■ **2024년도 주목해야 할 이커머스 트렌드**

· **모바일 쇼핑의 증가**: 모바일 쇼핑은 단순히 휴대폰을 사용하여 상품을 구매하는 것 이상으로 성장할 것으로 예측됩니다. 여기에는 모바일 브라우저나 앱에서 이루어진 모든 구매 활동(모바일 광고 참여, 영업 담당자와의 대화, 스마트폰에서 브랜드 검색 등)이 포함됩니다. 그리고 모바일 쇼핑은 라이브 스트림 쇼핑, 증강 현실 쇼핑, 인앱 구매 등 다른 최신 이커머스 기능과 함께 성장할 것으로 예상됩니다.

· **소셜 커머스의 급성장**: 소셜 커머스는 2022년에 전 세계적으로 가장 성장한 비즈니스 모델입니다. 소셜 커머스는 한국에서 유행했던 그루폰의 전신인 위메프, 티몬, 쿠팡의 오프라인 지역상권의 예약을 대신해주는 모델이 아닌, 소셜 미디어 플랫폼을 사용하는 것을 의미합니다. 소비자의 요구는 점점 더 까다롭고 복잡해지고 있으며 특히 경기가 안 좋은 상황에서는 구매 결정이 까다로워지고 있는 상황입니다.

스프라우트Sprout의 소셜 쇼핑 보고서에 따르면 소비자의 98%가 2022년에 소셜 커머스나 인플루언서를 통해 최소 한 번 이상 구매할 것이라고 답했습니다.

크리에이터 마케팅이 성숙해짐에 따라 자연스럽게 다음 단계는 플랫폼이 크리에이터와 기업이 소비자에게 상품을 판매할 수 있도록 돕는 형태로 발전하고 있습니다.

· **개인화된 시장**: B2C와 B2B 소비자 모두 맞춤형으로 개인화된 경험을 더 선호하고 있다 보니, 개인화된 경험을 제공하는 브랜드에 대한 충성도를 유지할 가능성이 더 높습니다. The State of Personalization Report 2023에 따르면 소비자의 거의 절반(49%)이 소매업체에서 개인화된 쇼핑 경험을 한 후 반복 구매자가 될 가능성이 있다고 답했습니다.

초개인화에는 제품 추천, 제안, 할인, 그리고 여러 채널(웹사이트, 모바일, 소셜) 전반에 걸친 일관된 소매 경험이 포함될 수 있습니다. 또한 다양한 지불 방법을 제공하는 것도 포함될 수 있습니다. 고객이 선호하는 결제 방법이 있는데 이를 사용할 수 없는 경우 구매를 완료하지 않고 쉽게 웹사이트를 떠날 수 있습니다.

BCG의 개인화 성숙도 지수에 따르면 고급 개인화 기능을 확장하는 소매업체는 고급 기능을 덜 갖춘 소매업체에 비해 평균 4배의 수익을 거둔다고 합니다.

· **AI와 머신러닝 기술의 활용**: 2023년 1분기 Pulse 설문조사에 따르면 마케팅 담당자의 48%가 메타버스와 같은 가상 현실VR, 증강 현실AR 또는 확장 현실XR 기술을 사용할 것으로 예상하고 있었습니다. 소비자의 약 43%는 VR/AR/XR이 향후 12개월 동안 브랜드와 소통하는 방식에 중요한 역할을 할 것이라고 기대하고 있습니다. 물론 VR 디바이스의 기능 향상과 보급이 더 현실적으로 이루어져야 합니다. 이제 애

플의 새로운 디바이스의 출시와 최근 메타의 VR 기기의 신제품이 호평을 받는 것을 미루어볼 때 이 분야의 시장은 더욱 확대될 것으로 예상할 수 있습니다.

- **AI와 이커머스**: AI는 이커머스에서 다양한 방법으로 사용될 예정입니다. 이들은 고객 서비스를 개선하고, 개인화된 쇼핑 경험을 제공하며, 고객의 구매 패턴을 분석하는 데 사용됩니다. AI를 활용한 챗봇이나 개인화 추천 엔진은 이커머스 사이트에서 중요한 역할을 하고 있습니다. 특히 최근에 AI를 통해 상품을 추천하고 나열하는 것을 모두 AI가 대체할 수 있도록 서비스를 준비하는 회사도 있어, 일부에서는 온라인 MD가 필요 없는 세상이 곧 온다고 전망하고 있습니다.

  개인화된 쇼핑 경험이 성장함에 따라 이커머스에서 인공지능AI 역시 빠르게 성장하고 있는 분야입니다. AI는 브랜드가 쇼핑객에 대해 더 많이 알 수 있도록 도움을 줍니다. 이를테면 고객이 쇼핑하는 방법, 제품/서비스를 검색할 때 선호하는 사항, 구매 시간 등이 포함되며 브랜드는 이 정보를 사용하여 개인화된 쇼핑 경험을 제공할 수 있습니다.

  또한 AI는 고객이 좋아할 만한 새 신발을 보여주거나 관련 예정 판매에 대한 세부 정보를 공유할 수 있습니다.

  물론 이런 과정이 지금도 일부 없는 것은 아니지만 인공지능 기술의 비용이 낮아지고 활용성이 다양해지고 있기 때문에 점점 고도화된 서비스가 등장할 것입니다.

- **음성 검색 쇼핑 시장의 성장**: AI의 음성인식 기술이 매우 빠르게 성장하고 있습니다. 최근 챗GPTChatGPT는 다국어 음성인식 기능을 앱에 포함시켰고, 성능이 매우 뛰어난 것으로 확인되었습니다. 앞으로 이커머스 회사의 마케팅 담당자는 음성 검색과 같은 새로운 기술을 사용하여 소셜 커머스 전략을 강화할 것으로 예상됩니다. 더 많은 사람들이 이러한 시스템을 채택함에 따라 음성 검색을 사용하여 의류부터 식품까지 구매하기 시작할 가능성이 높아지고 있습니다.

- **개인정보보호 시장의 강화**: 일부 고객은 개인화된 경험을 원하는 반면, 다른 소비자는 자신의 데이터 및 개인 정보 보호 권리에 대해 많은 우려가 있습니다. 이제 많은 소비자들은 이커머스 사이트가 데이터를 수집한다는 사실을 알고 있지만, 이 데이터가 어떻게 사용되는지 또는 수집으로 인해 위험에 처하게 되는지 여부를 항상 알지는 못합니다.

  구글은 2023년에 제3자 쿠키 지원을 종료할 계획이라는 점을 고려하여 브랜드에서는 제로 파티 데이터를 채택하기 시작했습니다. 동의한 고객으로부터 직접 데이터를 수집하는 것은 제3자 쿠키 사용 시 발생하는 문제를 피하려고 노력하고 있습니다.

- **구독 서비스의 지속적인 성장**: 최근 넷플릭스 등을 비롯한 구독 서비스를 가구당 몇 개씩은 가입을 했을 것으로 보입니다. 마이크로소프트의 오피스 등의 소프트웨어도 대부분 구독 서비스로 전환을 했으며, 락인 효과를 위해 쿠팡, 컬리, SSG 등도 멤버십 구독 서비스를 확대하고 있습니다. 이처럼 대부분의 브랜드는 충성도 높은 고객을 유치하는 동시에 수익성과 유지율을 높이기 위해 구독 모델을 채택하고 있습니다. 경제불안과 인플레이션으로 인해 구독 및 멤버십이 점점 대중화되고 있는 상황입니다.

  특히 B2C 브랜드는 비용 절감을 목표로 하여 구독 서비스를 강화하고 있으며, 일부 브랜드는 등록 인센티브로 평생 가격을 약속하기도 합니다. 페블레틱스Fabletics 및 룰루레몬Lululemon과 같은 제한적인 멤버십 커뮤니티를 운영하는 곳도 증가하고 있습니다. 이 모델은 FOMOFear of Missing Out, 소비자들이 이 서비스 혹은 상품을 놓쳐서는 안 된다는 마음을 갖게 만드는 마케팅 전략을 기반으로 회원들에게 제품, 이벤트 등에 대한 독점적인 접근권한을 제공하는 VIP 서비스를 제공하는 형태입니다. 쇼피파이Shopify의 트렌드보고서에 따르면 이러한 혜택은 고객에게 매우 매력적이어서 룰루레몬은 고객의 80%가 향후 5년 이내에 멤버십에 가입할 것으로 예상하고 있습니다.

앞으로는 고객 서비스, 사용자 경험, 제품의 품질 등 고객 경험의 모든 측면이 이커머스 성공의 핵심 요소입니다. AI가 피드백 시스템을 구축하고 소비자 행동 데이터를 분석하며 고객 경험을 개선하는 전략을 세우는 회사가 곧 이커머스의 경쟁력이 되는 시대가 곧 도래할 것으로 보입니다.

이처럼 우리는 이커머스 시장의 변화의 항상 주목하고, 그 트렌드의 흐름을 인식하고 있는 것이 매우 중요합니다. 하지만 이커머스 정보를 찾는 것도 어렵고 번거롭기 때문에 이커머스 트렌드를 알 수 있는 사이트를 추천해 드립니다.

- ■ **이커머스 트렌드 사이트 추천**

퍼블리 _ https://publy.co/
비즈니스 인사이트와 실무 지식을 제공하는 온라인 플랫폼으로, 다양한 주제의 콘텐츠를 제공합니다. 각 분야의 전문가들이 작성한 글 콘텐츠를 읽을 수 있고 뉴스레터를 구독하면 최신 콘텐츠를 정기적으로 받아볼 수 있습니다.

오픈서베이 _ https://www.opensurvey.co.kr/
2013년에 설립된 온라인 설문조사 플랫폼으로, 다양한 설문조사 결과를 제공합니다. 뉴스레터를 구독하면 다양한 주제의 온라인 트렌드를 비롯한 소비자 트렌드를 볼 수 있습니다.

Forbes Advisor _ https://www.forbes.com/advisor/
이커머스 통계를 정리하여 시장의 예상 규모와 이커머스가 글로벌 진출에 주는 이점에 대한 인사이트를 제공합니다.

HSBC Business Go _ https://www.businessgo.hsbc.com/
주요 글로벌 이커머스 트렌드에 대한 기사를 통해 기업이 국경을 넘나들며 사업을 운영하고 전 세계로 시장 입지를 확장하는 데 있어 이커머스의 역할을 강조합니다.

ColorWhistle _ https://colorwhistle.com/
코로나19 이후 리테일 업계에서 이커머스가 차지하는 비중 증가와 성장 전망 등 디지털 에이전시 관점에서 글로벌 이커머스 트렌드에 대한 인사이트를 제공합니다.

J.P. Morgan _ https://www.jpmorgan.com/
아시아 태평양 지역의 시장을 다루는 글로벌 이커머스 트렌드 보고서를 통해 지역별 고유 과제와 시장 특성을 강조합니다.

Statista _ https://www.statista.com/
주요 온라인 리테일러에 대한 데이터와 향후 매출 예측을 통해 전 세계 이커머스 관련 통계와 사실을 제공합니다.

Morgan Stanley _ https://www.morganstanley.com/
장기적인 시장 성장 전망과 업계 애널리스트의 인사이트를 통해 글로벌 이커머스 성장 전망을 공유합니다.

Insider Intelligence _ https://www.insiderintelligence.com/
소매 판매, 모바일 상거래 및 디지털 구매자 동향에 대한 데이터를 포함하여 전 세계 전자상거래에 대한 예측과 성장 전망을 제시합니다.

NetSuite _ https://www.netsuite.com/
주요 이커머스 트렌드를 다루며 다가오는 업계의 변화와 비즈니스 경쟁력을 유지하기 위한 전략에 대해 논의합니다.

다이나믹한 한국 시장

한국의 이커머스 시장은 역동적입니다. 종종 글로벌 컨퍼런스를 하다 보면 한국의 이커머스 시장을 소개할 때가 있는데, 그때마다 전 세계 사람들은 한국의 이커머스 시장을 흥미로워 합니다.

이처럼 다이나믹한 시장 환경은 한국 이커머스 시장을 빠르게 성숙기에 접어들게 한다고도 평가합니다. 2023년 기준으로 전체 산업군에서의 온라인 침투율전체 시장에서 온라인으로 구매하는 비중은 약 28%로 이 점유율은 점점 완만한 곡선을 그리며 둔화되고 있습니다.

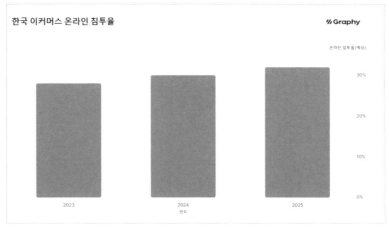

한국 이커머스 온라인 침투율 (출처: 한국무역협회)

[표] 한국 이커머스 시장 규모

연도	전체 규모 (조 원)	연간 성장률	매출 규모 (조 원)
2018	86.7	20.80%	112.5
2019	108.4	23.80%	140.7
2020	138.2	26.70%	176.6
2021	175.4	25.60%	220.5
2022	218.9	25.10%	278.8
2023	267.3	24.20%	342.3

(출처: 통계청, 2023년 온라인쇼핑 동향조사)

　한국의 이커머스 시장은 크게 쿠팡, 네이버, 그 뒤로 그리고 최근 인수 통합된 SSG와 이베이로 구성되어 있으며 시장 점유율이 59.3%에 달합니다. 2023년도 기준 2023년도 이커머스 트렌드 리포트를 확인하면, 쿠팡과 네이버 스마트스토어의 점유율을 합하면 약 65%을 차지할 정도로 2강 체계가 굳건합니다.

　2009년에 이베이가 지마켓을 인수할 때만 해도 옥션과 지마켓을 합친 오픈마켓 시장 점유율이 87%에 육박했습니다. 그러나 최근 15년 사이에 마켓의 변화는 놀라울 정도입니다(이베이는 옥션 1,500억 원, 지마켓 5,500억 원 총 7,000억 원에 인수하여 2021년도에 신세계에 지분 80%를 3조4,400억 원에 매각).

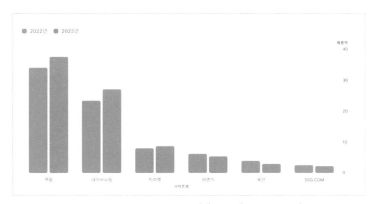

2023 한국 이커머스 플랫폼 점유율 (데이터 출처: 오픈서베이)

쿠팡의 구매 이유를 보면 빠른 배송, 편리한 교환/환불, 저렴한 가격 순으로, 네이버 스마트스토어의 경우 편리한 사용, 멤버십 제도, 이벤트 프로모션 순으로 조사되었습니다. 이처럼 네이버와 쿠팡 사이의 구매 동기가 다르다는 점은 구매 고객이 구분되고 있음을 보여주며, 이는 양쪽이 점유율을 해치지 않고 각자 성장해나갈 수 있는 원동력이었습니다.

반대로 서로의 시장 점유율을 올리려면 쿠팡은 더욱 다양한 혜택과 마일리지 페이백이 많은 멤버십 제도를 강화하고 프로모션 기획을 늘리고, 네이버 스마트스토어는 배송 시간을 줄이고, 교환/환불 프로세스를 개선하는 전략으로 집중할 것으로 예상됩니다.

한국의 이머커스 유통 채널의 변화 역시 다이나믹합니다. D2C라 불리는 '자사몰'의 비중은 매년 축소되어 이커머스 하면 'e리테일러_{온라인 리테일러라고도 불리며, 기존 마켓플레이스에 진출한 기업을 의미}를 통한 입점판매'로 여겼는데, 최근 나이키를 비롯한 많은 제조사들이 D2C로 판매 집중을 하기 시작하면서, D2C 시장이 다시 기지개를 펴고 있습니다.

D2C 전략을 고려하는 분들도 각 쇼핑몰의 판매 전략을 벤치마킹할 수 있습니다. 우선 기본 B2C_{Business to Customer} IT 솔루션이 완성되면 교환·환불 제도의 개선, 프로모션 활성화, 빠른 배송 시스템 적용, 저렴한 가격순으로 검토를 할 수 있겠습니다.

과거 10년 동안(2011년부터 2021년까지) 한국의 이커머스 시장은 평균적으로 연간 20.7%의 성장률을 보였지만, 2022년에 10.3% 성장으로 약간 주춤하고, 많은 전문가들이 이커머스 시장의 포화와 성숙기라고 이야기하고 있습니다. 하지만 전체 산업군에서 이커머스의 침투율이 약 20%라고 볼 때 오프라인에서 전환될 온라인 시장의 성장 여력은 충분합니다.

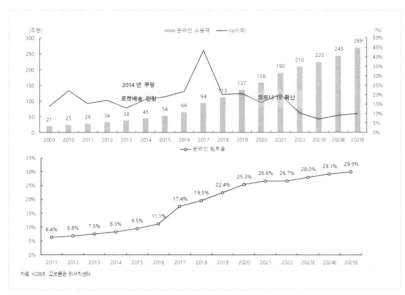

온라인 쇼핑 금액 추이와 온라인 침투율 변화 (출처: KOSIS, 교보증권)

KOSIS에서 추정한 2022년도 시장 점유율은 쿠팡이 24.5%, 네이버가 23.3%, SSG+이베이코리아가 16%로 나타났습니다. 이에 따라 온라인 외부몰에 입점을 계획하고 있다면 쿠팡, 네이버만 집중해서 비즈니스 전략을 세우면 전체 시장의 약 60%를 커버할 수 있습니다. 즉, 처음에 이커머스를 계획할 때 외부몰의 입점할 전략으로 고민을 하고 계신다면 상위 TOP3 플랫폼을 통한 판매 집중 전략이 더 효과가 있을 것으로 예상됩니다.

— 3 —

소비자를 유혹하는 이커머스

기업들은 유료 멤버십 제도를 도입하여 고객을 잠금Lock-in하려는 전략을 활성화하고 있습니다. 다양한 혜택 요소를 기반으로 고객을 유혹하는 이러한 전략은 아무래도 이커머스와 온라인에 효율적으로 운영될 수 있다고 생각합니다.

국내 이커머스의 락인 전략은 이베이의 빅스마일데이 때 혜택을 많이 주면서 가입자를 유치한 스마일클럽현재 신세계 유니버스을 시작으로 활성화되었습니다. 이후 등장한 대표적인 락인 전략으로는 네이버 부가서비스(스토리지, 웹툰, 음악 등)를 이용하게 해주며 마일리지 적립을 늘려주는 네이버 멤버십 제도, 배송비의 장벽을 없앤 로켓와우 클럽 등의 멤버십 사례가 있습니다.

만족도 점수	로켓와우 4.08점	N + 멤버십 4.05점	Smile Club 3.80점
만족 요소	배송관련 혜택이 유용해서	기타/제휴매장 사용처가 다양해서	적립/할인관련 혜택이 유용해서
	결제가 편리해서	가족/지인 계정으로 나눠쓰기 편해서	멤버십 전용혜택이 있어서
	멤버십 혜택이 좋아서	다른 멤버십에 없는 혜택이 있어서	월/구독료를 할인받을 수 있어서
불만족 요소	월 구독료가 비싸서	멤버십 전용혜택이 적어서	매달 받는 혜택이 작아서
	매달 받는 혜택이 작아서	월 구독료가 비싸서	멤버십 전용혜택이 적어서
	멤버십 전용혜택이 적어서	매달 받는 혜택이 작아서	적립/할인 혜택이 유용하지 않아서

온라인 쇼핑몰 만족도 조사 (데이터 출처: 오픈서베이)

— 4 —

해외 직구 시장의 급성장

최근 해외 직구_{직접 구매의 줄임말} 시장이 뜨겁습니다. 구매대행을 통한 소규모 니치마켓_{niche market, 특정 소비자들을 타겟팅하는 시장, 쉽게 말해 틈새시장}으로 여겨졌지만 최근 알리익스프레스_{AliExpress}가 국내 시장에 적극적인 투자를 하여 구매대행 시장이 빠르게 성장하고 있습니다.

알리익스프레스의 성장

알리익스프레스는 2018년 한국에 서비스를 시작한 이래로, 배우 마동석을 모델로 내세우고 1,000억 원 투자 계획을 발표하며 한국 시장 공략을 본격화했습니다. 특히 초저가 제품과 무료 배송 및 무료 반품, 배송 기간 단축(기존은 한 달이었으나 7일로 단축)을 앞세워, 한국 소비자의 해외 직구 수요를 빠르게 늘렸습니다. 또한 한국 이커머스 기업 인수를 추진 중이라고 전해지고 있고, 최근에는 한국 물류센터 투자 계획도 발표했습니다.

- **2021년 대비 2023년의 성장**: 2021년 1월, 알리익스프레스의 월간 활성사용자수_{MAU}는 약 127만 명이었습니다. 그러나 2023년 4월 기준으로 MAU는 290만 명으로 증가했으며, 이는 2년 동안 128%의 성장을 의미합니다. 또한 2023년 4월 기준, 알리익스프레스의 신규 앱 설치 건수는 38만 건에 달해 쇼핑 앱 신규 설치 순위에서 2위를 차지할 정도로 급성장하고 있습니다.

한국의 직구 시장 현황

- 관세청에 따르면, 2022년 한국의 해외 직구 규모는 9612만 건, 47억2500만 달러로 역대 최고치를 기록했습니다. 특히 중국 해외 직구 건수는 전년 대비 17% 증가해 전체 해외 직구의 57.7%를 차지했습니다.
- 해외 직구 서비스를 제공하는 기존 이커머스 플랫폼들은 알리익스프레스와 같은 중국 가성비 상품을 취급하는 서비스와 자사 서비스 수요층이 다를 것으로 보고 있지만, 서비스 경쟁력은 지속적으로 강화하고 있습니다.
- 업계는 해외 직구 분야 내에서도 기업마다 주력 분야가 다르기 때문에 알리익스프레스의 한국 시장 공략이 국내 시장에 큰 영향을 미칠 것으로 보지 않고 있습니다. 그러나 직구 시장의 성장에 따라 각자의 영역에서 경쟁력을 확보해 대응할 계획입니다.

알리익스프레스의 급성장은 시장의 다양한 변화를 예고하고 있습니다. 최근 쿠팡은 흑자 전환 소식에 분위기가 좋은 것으로 알려졌지만, 알리익스프레스의 변화가 앞으로 몇 년 안에 쿠팡에도 영향을 미치게 될 것이라는 의견이 지배적입니다. 최근 몇몇 종합몰에서는 시장의 변화로 경영난에 빠져서 희망퇴직을 실시 중이라고 합니다. 그 정도로 유통업계의 지각변동이 빠르게 일어나고 있습니다.

이처럼 한국의 이커머스 시장은 정말 다이나믹합니다. 겨우 한숨 돌린 쿠팡에게 알리익스프레스라는 변수가 생겼고, 또 내년에는 어떤 변화가 이커머스 시장의 변화를 불어와 소비자의 마음을 사로잡을지 궁금합니다.

- CHAPTER 03 -

이커머스
시작하기

방향 그려보기

영업팀 최 상무

에, 우리 회사는 일제시대 방직 회사로 시작해 지금까지 성장을 해 왔습니다. 지금도 연간 8%씩 평균적으로 성장하고 있으니, 꽤 건실한 중견 업체라고 볼 수 있겠죠.

이런 와중에 김 과장님에게 요청을 드린 것은, 우리 회사가 디… 디지털 트랜스포… 포메이션 전략을 세우던 중에 이커머스를 꼭 해야 한다는 결정이 나왔기 때문입니다.

사실 이커머스, 쇼핑몰이라는 게 뭔지 우리도 잘 알아요. 거 뭐야, 요새 영업 담당자들이 만나는 거래처도 모두 온라인을 하니까 말이지. 보니까 우리 메인 거래처인 로우마트는 온라인 판매 비중이 20%가 넘었다는 걸 보니 꽤 빠르게 성장하고 있는 것 같더군요.

이미 말했지만 우리도 이커머스 담당자들과 미팅도 하고 있어서, 전반적인 상황이나 구조는 잘 이해하고 있습니다. 그럼에도 불구하고 이커머스 전문가 분을 데려오길 사장님이 원하시는데, 솔직히 말씀드리면 저는 김 과장이 우리 회사에 와서 어떤 역할을 해줄지 잘 모르겠군요.

이커머스가 별거 있습니까? 우리 제품을 매장에서 팔 것을 온라인 뭐야, 그 시스템인지 거기에 등록하고 고객이 결제하면 되는 동일한 구조 아닌가요?

음, 그건 그렇고. 김 과장님, 혹시 팀을 맡으시면 인원이 몇 명이 필요할까요?

이커머스 면접을 볼 때 담당자로부터 이런 질문을 받습니다.

"팀을 맡으시면 인원을 몇 명 뽑아야 할까요?"

이커머스를 시작하려는 조직에서는 채용 인원의 예측도 중요하지만, 그 전에 회사의 이커머스의 목적과 방향부터 정하는 것이 좋습니다. 즉, 회사에서 세일즈에 집중할 것인지, 전체 영업 채널에 대비해서 온라인 세일즈 비중을 몇 %까지 성장을 시킬 것인지를 말이죠. 아니면 세일즈보다 전체 채널의 브랜딩을 서포트하고, 마케팅 전략에 맞춰 회사 전체의 무형 자산을 만들어내는 데 집중을 할 수도 있습니다. 이처럼 이커머스를 시작하는 목적과 방향이 어떤지에 따라 초기 운영 방향이 달라지게 됩니다(물론 이런 방향성을 아직 세우지 않은 회사가 대부분입니다).

세일즈와 브랜딩은 상호 보완적입니다. 인원을 구성하기 전에 목적과 방향을 정의하는 이유는 이커머스를 처음 시작할 때 이커머스의 초기 인력 구성과 사업계획의 방향을 정하는 데 도움이 되기 때문입니다.

물론 세일즈와 브랜딩은 서로 상호 작용하기에, 장기적인 성공을 위해서는 둘 다 신경 써야 합니다. 하지만 어느 회사나 리소스를 무한정 제공하지는 않으며, 오히려 초반엔 최대한 보수적으로 팀을 운영하는 것을 원합니다. 그러니 처음에는 비즈니스를 우선 순위로 생각하면 좋겠습니다.

사업계획의 방향 그려보기

– 2 –

매출 우선, 세일즈 전략

김 과장은 연봉을 800만 원이나 올려 기분이 매우 좋았습니다.
생각해보면, 이전 회사는 이커머스 전문 기업이긴 했지만 너무 자유로운 분위기에 어린 친구들이 많아 30대 중반인 김 과장은 적응을 하지 못했습니다. 그러던 차에 헤드헌터에게서 이직률도 적고 비즈니스도 탄탄한 중견기업을 소개를 받고 입사를 하게 되었으니, 이제 제대로 뭔가 보여줄 수 있을 것 같아 기분이 좋았습니다. 연봉부터 팀을 리드할 수 있는 권한도 마음에 들어 더할 나위 없는 이직 찬스였습니다. 출근을 하고 자리에 앉으려는 찰나, 대각선 끝에 앉아있는 터줏대감 허 부장이 김 과장에게 소리를 칩니다.

 영업팀 허 부장

> 김 과장, 온라인 가격이 이게 뭐야? 어떻게 하다가 가격이 이렇게 된 거야. 지금 바이어가 물건 매입 못하겠다고 난리가 났어!
> 이번 매출 못하면 김 과장이 책임질 거야?

이커머스팀 김 과장

네?

이게 무슨 날벼락 같은 소리인지 모르겠습니다. 김 과장이 입사 후 한 일이라고는 이커머스 비즈니스 플랜을 준비하는 것뿐인데 말이죠. 이유야 어쨌거나 더 욕을 먹지 않기 위해 머리를 갸우뚱하며 회사 온라인 판매를 담당하는 거래처에게 전화를 합니다.

 거래처 직원

> 가격? 어디요? 그럴 리가 없는데? 다시 한번 확인해 보세요.

온라인 거래처의 볼멘소리를 듣고 김 과장은 수화기를 내려놓습니다.

오프라인 기반에서 세일즈 중심으로 비즈니스 전략을 세우던 회사들이 이커머스 진출에는 늦는 경향이 있습니다. 그래서 뒤늦게 이커머스 전문가들을 시장에서 찾는 모습을 종종 보게 됩니다. 그럼 세일즈 포커스를 하는 회사에서 이커머스 담당자로서 일하는 장단점을 짚어보겠습니다.

이커머스 팀은 오케스트라 연주자와 같은 입장에서 리더십을 발휘하여 팀원에게 동기부여를 할 수 있어야 합니다. 그런데 세일즈 드라이빙을 하는 전략이라면 팀 전체가 매출에 집중할 수 있어 팀 동기부여가 상대적으로 잘 되고, 세일즈 수요예측이라 불리는 포어캐스팅(forecasting) 업무가 원할합니다. 이와 더불어 브랜딩보다 퍼포먼스 마케팅 전략을 통해 조금 더 역동적으로 비즈니스를 할 수 있는 환경으로 구성할 수 있습니다.

한편 단점도 있습니다. 타 영업 팀과 충돌할 가능성이 있습니다. 특히 세일즈가 안 되거나, 전체 매출 목표가 높을 경우 세일즈 팀 전체가 이커머스 팀을 향해 책임을 전가하는데 이는 많은 회사에서 흔하게 볼 수 있는 모습입니다.

제가 이커머스 업무를 하면서 가장 많이 들었던 말이 "가격 떨어트려서 매출 올리는 것은 누가 못하냐"입니다. 온라인은 상대적으로 가격 조정이 쉽고, 타 플랫폼에 입점을 했다면 담당 MD 혹은 시스템에서 임의로 조정이 가능해서 가격이 내려갈 확률이 높습니다. 이러한 이유 때문에 매출이 안 될 때 (혹은 잘 될 때라도) 내부의 공격 대상이 됩니다.

제가 근무했던 회사 중 하나도 세일즈에 집중하는 곳이였고, 영업사원별 경쟁도 치열한 상황에서 이커머스 팀이 자리를 잡는 것은 쉽지 않았습니다. 그렇기 때문에 세일즈에 집중하는 전략이라면 내부 영업을 우선으로 생각하고, 내부의 공격에 당하지 않을 방어 요소들을 개발하는 것이 중요합니다.

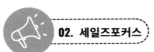

02. 세일즈포커스
- 회사 내 전체 세일즈 비중
- 매출 목표
- 판매 채널 전략

팀 동기부여에 유리함
영업적인 부담감 가중

세일즈 전략을 수립할 경우

– 3 –

브랜딩 우선, 마케팅 전략

마케팅 팀 신 과장님이 차 한 잔 하자고 하더니, 따뜻한 조언을 아끼지 않았습니다.

마케팅팀 신 과장

김 과장님, 얼마 전에 많이 놀라셨죠? 사실 허 부장님이 거칠긴 해도 마음은 따뜻한 분이에요. 정도 많고, 예전부터 로우마트 영업사원 대리로 시작해서 지금까지 자리 잡은 이곳에서 잔뼈가 굵은 분이니까, 잘 지내시면 도움이 될 거예요.

사실 허 부장님이 모르시는 게 있는데, 우리 회사는 세일즈 중심으로 돌아가는 회사는 아니거든요. 얼마 전, 저희 회사에 합작으로 투자한 리로드라는 외국계 회사 아시죠? 그곳은 브랜드에 집중하는 회사인데, 회사 인력의 대부분이 마케팅 직원이라는 거예요. 세일즈는 헤드 몇 명만 두고, 더 필요할 경우에는 모두 외주로 돌린다더라구요.

그런데 리로드에서 최근 우리 회사에 마케팅 역량을 강화시키기 위해 마케팅 헤드를 새로 보낸다는 이야기가 있어요. 그래서 사장님도 마케팅쪽을 강화하기 위해 노력하고 계시고, 최근 국내에서 가장 유명한 브랜딩 컨설팅 회사와 거의 계약 마무리 단계에 있어요.

허 부장님 같은 예전 영업 방식은 이제 거의 끝났다고 봐야죠. 이젠 강력한 브랜딩과 그 브랜딩을 바탕으로 소비자와 직접 대면하는 D2C로 빠르게 변할 것 같아요. 우리 팀도 디지털 마케팅 담당자를 충원하고 있어요.

매출에 집중해서 이커머스를 운영하기보다 제품이 가진 메시지를 브랜드 방향에 맞춰 효과적으로 전달하고, 메인 비주얼과 배너 문구 등의 브랜드를 중심에 두고 운영하는 회사도 있습니다. 이처럼 회사가 마케팅을 집중하고 우선할 수 있는 환경이라면 초기 리소스, 인력 구성, 내부 지원 부분 등을 마케팅에 집중할 수 있습니다.

여기서 '마케팅에 집중하면 매출이 발생하지 않느냐'라고 궁금해 하는 분들이 있을 것 같습니다. 보통 영업 중심의 판매는 푸시Push 세일즈이고, 마케팅은 풀Pull 형태입니다. 소비자를 끌어당기는 것으로 충분히 세일즈가 발생하고, 영업 중심의 판매 방식 이상으로 이커머스에서 매출을 발생시킨 사례도 눈으로 본 적이 있습니다. 어쩌면 이커머스는 이런 풀 세일즈에 더 어울릴지도 모르겠습니다.

그럼 당연히 모든 회사가 풀 세일즈 형태의 마케팅 중심의 비즈니스 구조로 운영할 것 같지만, 그렇진 않습니다. 고객을 끌어당긴다는 것은 견고한 브랜딩과 많은 투자가 수반되어야 하기 때문에 많은 회사가 시도하기에는 어려운 비즈니스 모델이기도 합니다. 그리고 기존 회사가 가진 조직 구조와 영업 방식을 뒤로 하고 이커머스를 위해 모든 조직을 다시 구성하는 것 역시 어려운 일입니다.

다만, 초반 세일즈를 드라이브 하지 않는 전략은 동기부여가 떨어질 수 있다는 단점이 있습니다. 실제 제가 경험한 사례로 말씀드리자면, 브랜딩에 포커스하는 작은 업무, 예를 들어 썸네일이나 상세 페이지를 만드는 등 제작 업무에 집중을 한다면, 상대적으로 목표 달성에 대한 의욕이나 동기 부여가 약해질 수 있습니다. 실제로 제가 맡았던 팀에 이와 비슷한 일이 발생되어 전체 목표 설정 및 팀 활성화를 위해 노력을 많이 기울였던 경험이 있습니다.

또한 마케팅에 집중하다 보면 오프라인 조직을 지원하는 부서로 생각해, 오프라인 영업팀에서 매너 없는 언행을 한다거나 업무를 지시하는 등의 비합리적인 상황도 많이 발생합니다(이런 케이스로 이직한 사례도 많습니다). 이외로는 브랜딩에 집중한다고 시작은 했지만 회사의 전체 매출이 저하되면서 이커머스에서 매출에 집중하는 형태(즉, 앞서 언급한 푸시 세일즈)로 전환하는 사례도 있습니다.

브랜딩에 집중한다는 것은 언뜻 보면 매출에 대한 부담이 적어보입니다. 하지만 브랜딩을 위해 퀄리티 높은 상세 페이지 혹은 키 비주얼 등을 제작하고, 사용자 경험에서 만족도를 높일 수 있는 작업을 극대화시켜야 하며, 이를 위해서는 내부의 마케팅 및 PM~Product Manager~과의 유대 관계가 매우 중요합니다.

때를 기다릴 줄 아는 이커머스 리더

자, 이제 이커머스의 목적을 정하셨나요? 본인이 이커머스를 맡게 되는 팀장이라면 세일즈와 브랜딩, 두 가지 방향성에 대해 명확한 답을 내린 다음에 비즈니스를 시작하세요.

앞서 마케팅 팀 신 과장이 언급한 것처럼, 회사는 브랜딩에 집중하라고 했지만 세일즈를 집중하는 경우가 발생한다면 내부에 여러 가지 부작용이 생길 수 있습니다. 이럴 때 이커머스 리더라면 어떻게 해야 할까요? 본인의 의지도 중요하지만 생각을 무조건 관철하는 것보다는 내부 마케팅 팀과 협의하며 적절한 비즈니스 타이밍을 기다릴 줄 알아야 합니다.

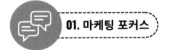

01. 마케팅 포커스
· 제품 브랜딩 전략
· 디지털 에셋 제작 및 활용
· 상세페이지 전략

내부 지속적인 협의 필요
비즈니스 타이밍 고려

마케팅 전략을 수립할 경우

— 4 —

둘 다 잘하는 전략

 영업팀 허 부장

아, 답답하네. 김 과장. 일 하루 이틀 해? 지금 몇 년 차지?

주니어들처럼 회사 비즈니스를 어디를 중요하게 보는지 이런 거나 물어보고 다니고 있고. 세일즈, 마케팅 안 중요한 게 어딨어?

두 개 다 잘해야지. 안 그래? 우리 대리점들 봐. 다 제품 언제 줄 거냐고 맨날 닦달하잖아. 그러면 어떻게 해야 돼? 우리 쇼핑몰에 가장 먼저 올려서 대리점들 이미지 가져갈 수 있도록 해야 할 것 아니야. 그래, 그건 그거대로 하고 매출은 매출대로 올려야지. 당신 아마추어야? 그래도 우선순위를 정해줘? 그럼 둘 다 우선순위가 가장 높고 중요하니까 두 개 다 동시에 해야 돼. 알겠지?

대부분의 회사는 세일즈와 브랜딩 중 하나를 선택하지만, 여기까지 읽으시고 고개를 갸우뚱하는 분들도 계실 것 같습니다. "어? 우리 회사는 둘 다 해야 될 것 같은데?"라고 말이죠.

회사의 의사 결정권자가 두 가지 목표를 전부 원한다면 어떻게 할까요? 방향 그려보기(p.44)에서 언급한 대로 초기에 리소스가 적은 상태에서 두 가지 목표를 모두 원하는 수준으로 끌어올리는 것은 어려울 수 있습니다. 그렇기 때문에 이런 요청이 있을 경우, 초기에는 내부 마케팅 팀의 지원을 받아 브랜딩에 집중하는 조직 구성을 추천해 드립니다. 그리고 마스터 플랜_{master plan, 기본이 되는 전략}을 통해 단계별로 세일즈를 발전시키는 계획을 세우면 내부 설득이 쉬워집니다. 아래 예시와 같이 3년에서 7년 사이의 계획을 수립하고 예상 매출을 같이 기재하면 향후 세일즈 전략 및 리소스를 계획하는 데 도움이 될 것입니다.

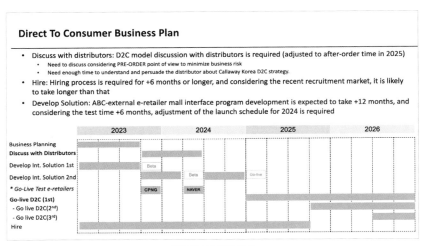

D2C 마스터 플랜 예시

현재 회사 성장의 문턱에 서 계시거나, 창업한 지 얼마 안 된 스타트업에 계신 분들 역시 비슷한 고민을 할 수 있습니다. 작은 규모의 회사일 경우, 초반에 무리한 세일즈 드라이빙보다는 마케팅에 집중하는 비즈니스 모델로 성장시키는 방향을 추천해 드립니다.

− 5 −

미리 준비할 것들

이커머스팀 김 과장

회계팀 정 대리님, 우리 회사 통신판매업 신고증 사본을 받을 수 있을까요?

 회계팀 정 대리

> 네? 통신신고증이요? 저희 그런 거 없는데요?

이커머스팀 김 과장

아, 그래요? 그러면 발급 받아주실 수 있을까요?
이커머스를 하려면 꼭 필요한 서류거든요.

 회계팀 정 대리

> 그건 이커머스 담당팀에서 직접 받아야 하지 않을까요?

기업은 대부분 상거래를 하기 때문에 보통은 이커머스 관련 서류와 인증이 준비되어 있습니다. 하지만 많은 업체 분들과 이야기하다 보면 의외로 준비가 안 된 회사들도 많았습니다. 그래서 이번 절에는 이커머스 비즈니스를 시작하기 전에 준비해야 할 필수 서류를 정리해 보겠습니다.

오른쪽은 '이커머스 비즈니스를 시작하려면' 꼭 있어야 하는 서류입니다. 그런데 1~3번까지는 대부분 발급이 가능한 반면, 4번이 없는 회사가 생각보다 많습니다. 그래서 통신판매업 신고증을 받는 방법을 간단히 알려드리고자 합니다.

1. 사업자 등록증
2. 법인 인감 증명서
3. 법인 통장 사본
4. 통신판매업 신고증

■ **통신판매업 신고증 발급 시 필요 서류**

1. 사업자 등록증
2. 구매안전서비스 이용 확인증
   [발급 방법] 은행, 네이버 스마트스토어, 지마켓, 쿠팡 등에서 발급이 가능한데 네이버나 쿠팡을 먼저 가입 후 이용 확인증을 받는 것이 쉽습니다.
3. 공동인증서(구 공인인증서)

■ **통신판매업 신고증 발급 방법**

정부24 사이트(gov.kr)에 접속 → '통신판매업신고' 검색 → 해당 서비스 메뉴에 들어가서 신고하면 됩니다.

해당 서류가 준비되었고, 외부몰에서 판매 계획을 세우셨다면 외부몰 사이트에서 판매자 회원가입을 진행해야 판매가 가능합니다(참고로 다음 챕터에서 외부몰 입점 전략을 다룹니다).

[표] 외부몰별 입점 시 필요 서류

구분	필요 서류
네이버 스마트스토어	사업자 등록증, 통신판매업 신고증, 법인 통장 사본
쿠팡	사업자 등록증, 통신판매업 신고증, 법인 통장 사본
지마켓, G9	사업자 등록증, 통신판매업 신고증, 법인 통장 사본, 신분증 사본, 입점 신청서(판매약정서), 판매자 확인서(정품취급서약 소명), 구매 영수증(개업일이 6개월 이내로 판매 이력이 없으면 생략 가능)
옥션	사업자 등록증, 통신판매업 신고증, 법인 통장 사본, 신분증 사본(번호 마킹필수), 판매자 확인서, 구매 영수증(개업일이 6개월 이내로 판매 이력이 없으면 생략 가능)
11번가	사업자 등록증, 통신판매업 신고증, 법인 통장 사본, 법인 인감 증명서
롯데온	사업자 등록증, 통신판매업 신고증, 법인 통장 사본, 신분증 사본, 법인 인감 증명서
인터파크	사업자 등록증, 통신판매업 신고증, 법인 통장 사본, 법인 등기부등본

- CHAPTER 04 -
비즈니스 모델
선정하기

어느 곳에서 팔까

영업팀 허 부장

김 과장, 우리 회사가 10년 전만 해도 아주 유명했던 것 알지?
이마트 등에 입점한 것은 우리가 최초였을 거야. 그때는 모든 것이
좋았다고, 꽤 열정적으로 일할 수 있었지.
하지만 지금은 중국산 저가품 때문에 매우 골치가 아프단 말이야.

그래서 우리도 이제 온라인에 집중을 해야 될 때가 됐어.
이제 온라인 영업도 해야 되고 온라인 그 뭐야, 온라인몰 지마켓인
가? 그런 데 찾아가서 그쪽 바이어하고 영업할 담당자도 뽑아 보
자고.

내가 20년 넘게 영업을 해보니까 말이지. 영업 사원은 자고로 우직
한 친구가 좋아. 술도 어느 정도 마실 줄 알아야 온라인몰 바이어들
하고 술도 마시면서 친해지지 않겠어?

아 참, 사장님이 요새 자사몰인가, 우리가 직접 하는 온라인몰 말씀
하시던데 그런 것도 가능한 거야?

오프라인 비즈니스의 경우, 직영으로 운영하기보다는 리테일러를 통해 위
탁 혹은 사입 판매_{재고를 매입해서 본인의 창고에 입고해서 판매하는 형태}를 선호합니다. 소비재는 이마트와
같은 할인 매장에, 가전제품은 하이마트와 같은 대형 가전 매장에 말이죠. 오
프라인 비즈니스 조직 구성에 익숙한 조직일수록, 온라인 역시 입점 판매를 원

할 확률이 높습니다.

다만 그럼에도 불구하고 자사몰을 생각하는 경우도 있습니다. 기본 수수료 이외에 광고비 등 지출되는 금액이 많아지면서 운영 효율에 대한 의문이 들고, 이익률을 높이기 위해 자사몰을 운영하는 것이 합리적이라 보기 때문이죠.

하지만 '이익'을 올리기 위한 자사몰 판매는 많은 고민과 전략이 필요합니다. 실제 자사몰 트래픽을 만들어내는 비용이 외부몰(쿠팡, 오픈마켓 등)에 입점 판매하는 비용보다 더 많이 드는 일이 종종 발생하고, 오히려 자사몰 판매가 '이익' 부분에서는 오히려 손해가 나는 경우가 있습니다.

예를 들어 1,000만 원의 매출이 자사몰과 외부몰에 동일하게 발생했다고 해도 이익 차이가 발생하는 경우가 생깁니다. 아래 데이터는 아는 거래처에서 실제로 발생했던 결과입니다.

자사몰과 외부몰 수익 비교 예시

온라인몰 유입을 늘리기 위해 D2C 자사몰은 온라인 광고를 진행하는데, 이 광고 비용은 생각보다 자주 발생합니다. 그렇기 때문에 유의미한 고객이 있는 트래픽을 발생시키고, 그 고객을 통해 구매 전환율을 최대로 올리는 것이 D2C 자사몰 운영의 기본적인 핵심이라고 말할 수 있습니다.

— 2 —

D2C 자사몰이 대세지

 영업팀 허 부장

> 어찌 되었건 지금 우리 상황은 말이지. 가격으로 승부를 하기엔 너무 원가가 높아. 그래서 말인데 우리는 유통 수수료를 많이 줄였으면 하는 게 사장님 생각이네. 그래서 자사몰을 하게 되면 판매 수수료도 없으니 다 100% 우리 마진이라고 하시던데 그게 맞는 건가?

> 우리는 비즈니스 수익 모델을 크게 개선해야 하는 상황이야. 김 과장 자네를 채용한 건 이런 이유 때문이기도 하고. 이커머스가 생각보다 비즈니스 모델이 복잡한 거 같긴 한데 가장 좋은 제안을 해주길 기대하고 있겠네.

제가 이커머스를 시작했던 2000년도 초반에도 대부분 D2C_{Direct To Consumer, 기업에} 서 유통 채널을 거치지 않고 쇼핑몰을 통해 직접 판매하는 모델. 자사몰이라고 하면 보통 D2C 모델을 적용함 자사몰로 시작하는 기업이나 개인이 많았습니다. 과거(지금처럼 몇몇의 포털과 플랫폼이 개인 사용자들을 모두 흡수하기 전)에는 인터넷은 분산 네트워크라고 생각해, 각자 홈페이지나 쇼핑몰을 직접 운영하는 것이 어쩌면 당연하게 받아들여졌습니다.

그래서 '이커머스 한다'라고 하면 외부몰에 입점하여 판매하는 것보다 자사몰을 만들어 판매하는 형태를 선호했습니다. 이러한 흐름에 힘입어 임대형 쇼핑몰 솔루션 시장이 성장했고, '메이크샵'이라는 임대형 쇼핑몰 솔루션이 가장 인기가 많았습니다. 그러다 '카페24'라는 서버 호스팅 기반의 회사의 서비스가 등장하면서는 운영 안정성과 더불어 '무료 정책'으로 짧은 시간 동안 가장 크게 성장했습니다. '립합' 쇼핑몰의 4억소녀, '스타일난다' 등이 이때 카페24 기반의 솔루션을 사용하며 성장을 합니다.

카페24는 대형 쇼핑몰에는 단독 서버를 할애할 정도로 투자를 했고, 덕분에 스타트업들은 솔루션 운영 비용은 거의 들지 않게 되었습니다. 만약 이때 자사몰 플랫폼이 매우 비쌌거나, 설치와 개발에 리소스를 써야 했다면 아마 비즈니스 성장의 큰 발목을 잡혔을 것입니다.

카페24 기반의 솔루션으로 성장한 '스타일난다'

2010년으로 접어들면서는 옥션과 지마켓, 즉 오픈마켓 플랫폼이 급성장(지금 쿠팡을 보는 느낌)을 하고, 홈쇼핑 기반이 있던 대기업들이 너나 할 것 없이 쇼핑몰을 시작합니다. Hmall, GS SHOP, 롯데닷컴(지금은 롯데ON의 전신), 신세계몰 등의 종합몰_{모든 리테일 브랜드를 아울러 판매한다는 의미} 이것저것 다 판다는 의미도 춘추 전국시대를 맞이하게 됩니다.

많은 업체들이 큰 성장을 함과 더불어 다음의 원인으로 외부몰 판매에 대한 피로가 쌓여만 갔습니다.

> ■ **쌓여가는 외부몰 판매의 피로도**
> 1. 가격 유지 및 조정의 권한이 없음
> 2. 점점 높아지는 판매 수수료
> 3. MD 역량과 관심에 따라 달라지는 매출 구조

D2C 열풍은 나이키로부터

 영업팀 이 대리

김 과장님, 주말 잘 보내셨어요? 어제 주말을 맞아 가족들과 함께 쇼핑을 하러 갔는데요. 와이프가 나이키 신발을 좋아해서 신발을 보려는데, 매장에 재고가 없으니 온라인 쇼핑몰로 안내를 받은 거 있죠?

지금껏 옴니채널고객이 온·오프라인 환경을 자유롭게 넘나들며 상품을 검색하고 구매할 수 있도록 조성한 통합 채널이라는 말만 들었는데 실제로 경험해보니 기분이 묘하더군요. 이제 제가 맡은 오프라인 양판점이 역사의 뒤안길로 사라질 것이라 생각하니 씁쓸하지만, 한편으로는 온라인은 더욱 뜨겁고 다이나믹해질 것임을 새삼 느껴서 투지력이 생깁니다!

김 과장님! 이제 저도 이커머스를 하고 싶은데, 이커머스 영업 담당자는 어떻게 할 수 있는지 알려만 주신다면 최선을 다해 노력해 보겠습니다.

2019년, 미국에서 나이키가 선두로 아마존에서 모두 판매를 중단하고

D2C$_{\text{Direct to Consumer}}$라고 불리는 나이키닷컴에서 다이렉트 세일즈만 하기로 선언합니다. 이후 코로나 19 봉쇄조치로 인한 생산 차질, 소비 문화의 변화를 겪으며 유통 업계는 고전을 면치 못하게 되죠. 반면에 나이키는 이러한 흐름에도 고속 성장을 이뤄냅니다. 그러자 기업들이 나이키의 성장 원인을 D2C 비즈니스에서 찾고 자사몰 모델에 관심을 가지게 되었습니다.

나이키는 D2C 전략을 수립한 동시에 IT 회사 3곳을 인수하며, D2C 비즈니스의 본인들이 나아갈 방향을 명확히 보여줍니다. 나이키는 D2C 비즈니스에 관심을 가진 이유는 세일즈 측면도 있었지만, 자사몰을 통한 고객의 유입과 이탈까지의 여정의 대한 데이터에 관심이 더 많았습니다.

D2C는 제조업체나 브랜드가 전통적인 유통 채널을 거치지 않고 직접 소비자에게 제품을 판매하는 비즈니스 모델을 가리킵니다. 이 모델을 통해 기업들은 소비자와 직접적으로 소통하며, 중개인 없이 제품을 판매할 수 있습니다. 이로 인해 소비자는 일반적으로 더 저렴한 가격에 제품을 구매할 수 있으며, 기업은 소비자 행동에 대한 직접적인 피드백과 데이터를 얻을 수 있습니다.

자사몰 판매는 이커머스의 꽃이라고 볼 수 있습니다. 높은 비즈니스 자유도를 가지고 고객과 커뮤니케이션이 가능하다는 점은 이커머스 팀의 역량을 최대한 발휘할 수 있는 영역이기도 합니다.

또한 고객의 여정을 분석하여 전환율을 높이는 퍼포먼스 마케팅이 가능합니다. 프로모션 효과 및 신제품의 온라인 단독 모델을 정하기 위해, 랜딩 페이지에 A/B 테스트를 시행하여 입체적인 성과 예측 및 분석을 할 수 있습니다.

고객을 움직일 뿐 아니라 집중케 하는 요소를 감안해 인터페이스 디자인을 직접 설계할 수 있습니다. 그리고 퍼널 분석이라는 들어올 때부터 결제까지 여정에서 우리가 놓치고 있거나, 고객의 불편한 점을 분석 및 개선을 할 수 있습니다.

또한 고객이 구매를 망설이거나, 아니면 특정 제품의 구매 패턴 혹은 열람 패턴 분석을 통해 조금 더 세분화된 마케팅으로 매출을 유도할 수 있다는 점이 자사몰의 장점입니다.

■ 나이키의 D2C 사례 분석

나이키는 디지털 기반의 D2C Direct-to-Consumer 전략을 성공적으로 실행하면서, 브랜드의 성장과 더불어 소비자와의 직접적인 관계를 강화하고 있습니다. 여기에는 몇 가지 주요 요소가 포함되어 있습니다.

- **나이키 플러스 멤버십**: 나이키는 플러스 멤버십 프로그램을 통해 고객 맞춤형 제품과 서비스를 제공하고, 고객 로열티를 향상시키며, 매출을 증가시키는 데 성공했습니다. 멤버십은 나이키 앱을 통해 가입할 수 있으며 멤버들에게는 사전 판매, 특별 할인, 전용 제품 및 경험 등 다양한 혜택을 제공합니다.
- **디지털 앱**: 나이키는 브랜드 앱(Nike, SNKRS, Nike Run Club, Nike Training Club 등)을 통해 소비자와의 직접적인 연결을 강화했습니다. 이들 앱은 고객에게 맞춤형 제품과 경험을 제공함으로써 브랜드 충성도를 높이는 등 D2C 전략의 핵심 역할을 맡고 있습니다.
- **나이키닷컴**: 나이키닷컴은 전체 온라인 판매의 중요한 부분을 차지하며, 브랜드의 D2C 전략을 보완합니다. 이는 특히 코로나19 팬데믹 기간 동안 중요해졌는데, 이 기간 동안 많은 소비자들이 온라인 쇼핑을 선호하게 되었기 때문입니다.
- **매장에서의 디지털 통합**: 나이키는 오프라인 매장에서도 디지털 전략을 효과적으로 통합하였습니다. 예를 들어 '나이키 바이 유(Nike By You)'라는 매장 내 맞춤형 제품 제작 서비스를 제공합니다. 소비자는 브랜드 앱으로 상품을 스캔하고, 제품 정보를 볼 수 있으며, 신발의 색상과 디자인을 맞춤 설정할 수 있습니다. 이와 같은 맞춤형 경험은 소비자들에게 매력적인 요소로 작용하며, 브랜드와 소비자 사이의 연결을 강화시킵니다.

2021년에 나이키의 온라인 판매는 전년 동기 대비 약 84% 증가하였습니다. 이는 특히 코로나19 팬데믹 기간 동안 더욱 부각되었는데, 이 기간 동안 많은 소비자들이 온라인 쇼핑을 선호하게 되었기 때문입니다. 또한 나이키의 D2C 전략은 브랜드의 전체 매출 중 점점 더 큰 비율을 차지하게 되었으며, 이로 인해 나이키는 전통적인 도매 채널에 의존하는 것에서 벗어나, 브랜드와 소비자 사이의 직접적인 관계를 강화할 수 있었습니다.

또한 나이키는 데이터 분석을 통해 소비자 행동을 이해하고, 이를 통해 제품 개발 및 마케팅 전략을 맞춤화하는 데 성공했습니다. 나이키는 소비자들의 구매 패턴, 제품 선호도, 운동 및 피트니스 행동 등에 대한 데이터를 수집하고 분석하여, 개인화된 제품과 서비스를 제공하였습니다.

나이키의 성공적인 D2C 전략은 브랜드가 소비자와의 관계를 깊이 있게 이해하고, 이를 바탕으로 진정한 가치를 제공할 수 있는 능력을 보여줍니다. 이는 브랜드의 성장과 소비자 만족도를 동시에 높일 수 있으며, 나이키의 경우에는 이것이 브랜드의 지속적인 성장으로 이어지게 되었습니다.

■ 나이키가 인수한 회사

조디악

2018년 나이키는 고객 생애 가치CLV, Customer Lifetime Value를 예측하는 데 전문화된 데이터 분석 회사인 조디악Zodiac을 인수했습니다. 조디악의 기술은 고객의 구매 패턴과 행동 데이터를 분석하여 고객의 미래 행동을 예측하는 것으로, 이를 통해 나이키는 개인화된 마케팅 전략을 개발하고 소비자 경험을 개선하는 데 활용했습니다.

조디악은 구매 기록, 제품 사용 패턴, 고객 행동, 피드백 등 다양한 데이터를 수집하고 분석하여, 각 고객이 향후 얼마나 많은 가치를 회사에 가져다줄 것인지를 예측합니다. 이를 통해 회사는 더 효과적인 마케팅 전략을 세울 수 있으며, 고객의 브랜드 충성도를 높이고 장기적인 관계를 구축할 수 있습니다. 또한 조디악의 분석을 통해 회사는 가장 가치 있는 고객이 누구인지, 그들이 선호하는 제품이나 서비스는 무엇인지, 그리고 어떻게 그들의 경험을 개선할 수 있는지에 대한 통찰력을 얻을 수 있습니다.

나이키가 조디악를 인수한 것은 이러한 이유 때문입니다. 고객 중심의 사업 전략을 펼치는 나이키는 조디악의 데이터 분석 능력을 활용하여, 각 고객의 브랜드에 대한 장기적인 가치를 파악하고 개인화된 마케팅 전략을 구축하려는 의도였습니다.

또한 이러한 고객 정보는 제품 개발, 판매 전략, 고객 서비스 등의 다양한 영역에서 활용할 수 있습니다. 예를 들어 고객의 구매 패턴과 선호도를 분석하여, 고객이 가장 선호할 것으로 예상되는 신제품을 개발하거나, 개인화된 마케팅 캠페인을 진행할 수 있습니다. 또한 고객의 피드백과 반응을 분석하여 고객 서비스를 개선하거나 새로운 서비스를 제공하는 데도 활용될 수 있습니다.

즉, 조디악의 데이터 분석 기술은 나이키에게 소비자 행동을 더욱 세밀하게 이해하고, 이를 바탕으로 더욱 효과적인 전략을 세우는 데 도움을 주었습니다. 이는 최종적으로는 고객 만족도를 높이고, 나이키의 브랜드 가치를 높이는 데 기여하였습니다.

인버텍스

인버텍스Invertex는이스라엘의 컴퓨터 비전 스타트업으로, 3D 스캐닝과 인공지능AI 기술을 이용해 사용자의 발 모양과 사이즈를 정확하게 측정하고 분석하는 기술을 개발했습니다. 이 회사의 기술은 온라인으로 신발을 구매하는 고객이 자신의 발에 가장 잘 맞는 사이즈와 스타일을 찾을 수 있게 도와줍니다.

온라인 쇼핑 경험을 향상시키기 위해, 나이키는 인버텍스를 인수하고 '나이키 핏(Nike Fit)'이라는 이름의 기술을 자사의 모바일 앱에 통합하였습니다. 나이키 핏을 이용하면 고객의 발 모양과 사이즈를 측정, 분석하여 고객과 가장 잘 맞는 나이키 신발을 추천해줍니다. 이렇게 하면 고객은 온라인으로 신발을 구매할 때 사이즈가 맞지 않아서 반품하는 등의 불편함을 줄일 수 있습니다. 또한 이 기술은 나이키가 고객에게 보다 개인화된 서비스를 제공하고, 고객 만족도를 높이는 데에도 크게 기여하였습니다. 인버텍스의 기술은 나이키의 디지털 전략의 일부로, 고객 경험을 향상시키는 데 중요한 역할을 하고 있습니다.

셀렉트

셀렉트Select는 보스턴에 본사를 둔 수요 예측 및 재고 관리 회사로, 소매 업계에서 고객 행동을 이해하고 예측하는 데 사용되는 고급 분석 도구를 개발했습니다. 이 도구는 실시간 데이터를 활용하여 소비자의 구매 패턴, 선호도, 그리고 트렌드를 분석하고 이를 기반으로 상품 재고 및 위치를 최적화합니다.

나이키가 셀렉트를 인수한 이유는 이런 기술을 활용하여 고객 행동을 더욱 세밀하게 이해하고, 이를 기반으로 더욱 정확하게 재고를 관리하고 상품 배치를 최적화하려는 목표가 있었습니다. 셀렉트의 기술은 또한, 고객의 수요를 더욱 정확하게 예측하고, 이를 통해 재고를 효율적으로 관리하고 불필요한 재고 비용을 줄이는 데 도움이 됩니다.

이런 기술은 나이키의 디지털 전략의 중요한 부분을 이루고 있으며, 소비자 중심의 소매 환경을 더욱 강화하는 데 도움을 줍니다. 이를 통해 나이키는 고객에게 더욱 개인화된 쇼핑 경험을 제공하고, 그들의 요구에 더욱 빠르고 정확하게 응답할 수 있게 되었습니다.

방금 소개한 사례들은 모두 나이키가 D2C 전략을 위해 얼마나 기술 투자를 하는지 알 수 있는 대목입니다. 우리는 이커머스를 매출 기준으로 의사 결정을 하는 것에 비해 나이키는 데이터와 그 데이터를 분석하고, 온라인에서 구매 경험을 개선하는 데 많은 투자를 하는 것을 알 수 있습니다.

자사몰 무료로 만들기

영업팀 허 부장

김 과장, 내 친구가 근무하는 금융회사 보니까 말이야. 디지털로 비즈니스를 변화시킨다고 엄청나게 많은 돈을 쓰더라고. 화장품 다니는 동서네 회사도 보니까 쇼핑몰을 만든다고 수십 억을 써서 만들더라고.

알지? 우리 회사 요즘 어려운 거.

　자사몰은 제작에 수십억 원이 들 수도 있고, 비용이 들지 않을 수도 있습니다. 특히 글로벌 회사는 IT를 헤드쿼터에 두길 원하므로 본사에서 제작할 경우, 규모가 작으면 우커머스_{WooCommerce} 등의 완성된 플랫폼을, 규모가 어느 정도 있으면 SAP의 하이브리스 커머스_{Hybris commerce} 혹은 세일즈포스_{Salesforce}의 커머스 클라우드 등의 ERP_{기업의 전반적인 업무를 통합 관리할 수 있는 시스템. 사내 인트라넷이나 클라우드를 기반으로 데이터를 연결하고 공유하는 일 등을 할 수 있음}와 통합된 솔루션을 이용하기도 합니다.

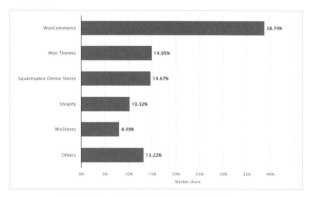

글로벌 이커머스 솔루션 시장 점유율 (출처: Statista)

　우리나라에서는 '카페24'라는 이커머스 솔루션이 인기가 많습니다. 이 솔루션은 모든 기능을 무료로 이용할 수 있습니다. 외국에서는 무료로 쓸 경우,

기능의 일부만 이용할 수 있도록 제한하는 솔루션은 있지만 이렇게 완전한 무료 서비스를 하는 곳은 유일하다고 생각합니다.

카페24는 소규모 쇼핑몰을 중심으로 비즈니스가 성장한 곳이지만, 최근엔 엔터프라이즈(기업용) 솔루션도 서비스를 시작했습니다. 엔터프라이즈 서비스도 기본적으로 무료(카드 수수료가 약간 비쌉니다)로 제공하기 때문에 비용이 부담되는 기업 분들도 완성도 높은 솔루션을 무료로 서비스를 받을 수 있습니다.

카페24과 같은 기성 제품(?)은 커스터마이징이 원활하지 않지만, 엔터프라이즈 서비스를 이용하면 커스터마이징 기능을 대부분 구현할 수 있습니다. 거기에 SAP과 같은 무거운 ERP 서비스와의 통합 작업도 가능합니다.

단, 카페24 디자인을 모든 업체 요구사항에 맞게 수정하기가 어렵고, 다양한 플랫폼에서 보여주는 부분이 다른 회사에 비해 부족한 부분이 보입니다. 그래서 회사별 특징을 나타내거나 브랜딩을 매우 강조해야 하는 회사에는 부적합할 수 있습니다.

그리고 최근 들어 태블릿, 스마트폰 등의 반응형 웹각 디바이스 크기에 맞게 화면이 자동으로 변화하는 웹이나 이동 전환 시 부드럽게 전환되는 등의 애니메이션 효과 등은 부족합니다.

하지만 종합적으로 봤을 때 투자 대비 효율이 높은 플랫폼인 것은 확실합니다. 일반 쇼핑몰 범주에 벗어난 세분화된 옵션과 뷰 기능, 특수한 옵션이 필요한 회사가 아니라면 추천해 드립니다.

카페 24 장점
1. 무료 (카드 수수료만 부과)
2. 간편한 유지보수, 서버·시스템 문제가 거의 없음
3. SAP과 같은 ERP 서비스와 연동 가능 (해당 업체와 연결해줌)

카페 24 단점
1. 쾌적하지 않은 인터페이스
2. 매끄럽지 않은 반응형 디자인
3. 커스터마이징의 한계

자사몰 개설에 도움이 되는 노코드 플랫폼 서비스

기존 카페24 서비스의 한계를 개선한 국내 노코드_{No Code, 별도의 코딩을 하지 않아도 코딩을 한 것} _{과 유사한 결과를 만들어주는 웹 빌더} 서비스(예: 아임웹, 식스샵) 등의 노코드 솔루션이 인기를 끌면서, 일반 스타트업이나 작은 회사들도 세련되게 브랜딩을 하면서 자사몰을 운영할 수 있습니다.

내 입맛에 맞는 디자인이나 서비스를 구현하기는 어렵지만, 완성도 있는 서비스를 빠르게 만들 수 있다는 점이 노코드 서비스의 강점입니다. 최근 들어서는 쇼피파이_{Shopify}, 우커머스_{WooCommerce}, 윅스_{Wix} 등으로 쇼핑몰을 론칭하는 회사들도 늘고 있습니다. 그 밖에 노코드로 완벽하게 서비스를 구현하고 싶은 기업은 '웹플로우(webflow.com)'나 '버블(bubble.io)'을 이용하시면 퀄리티 좋은 이커머스 사이트를 만들 수 있습니다.

최근 AI가 빠르게 성장하면서, 노코드 툴 역시 AI가 빠르게 적용되고 있습니다. 예를 들어 쇼피파이는 AI 이미지 제작, 상세 페이지 제작 지원 서비스 등도 가능합니다. 덕분에 쇼피파이의 시장 점유율은 최근 빠르게 성장하고 있습니다.

우리나라 대표 이커머스 노코드 툴, 아임웹

노코드 툴 장점

1. 동적 웹사이트를 매우 간편하고 빠르게 만들 수 있음
2. 유지보수가 간단하고 운영이 편리함
3. 다양한 템플릿을 통한 빠른 디자인 개선이 가능

노코드 툴 단점

1. SAP와 같은 ERP 서비스와 통합이 어렵거나 개발 난이도가 높음
2. 기능의 추가 혹은 옵션 추가 등의 커스터마이징이 어려움
3. SEO(검색 엔진 최적화)가 상대적으로 취약함

[표] 이커머스 사이트 개설에 도움이 되는 노코드 툴

이름	서비스 특징
웹플로우 (Webflow)	웹사이트 디자인과 개발을 위한 비주얼 에디터. 웹 개발 언어(HTML, CSS, JavaScript)에 대한 기초적인 이해 없이도 복잡한 디자인을 만들 수 있음. 웹사이트 호스팅과 CMS 기능을 제공.
버블(Bubble)	드래그 앤 드롭 방식으로 웹 애플리케이션을 만들 수 있음. 복잡한 백엔드 작업(데이터베이스 관리, 서버 구성 등) 없이 웹 애플리케이션을 구축하고 운영할 수 있음.
윅스(Wix)	사용자 친화적인 인터페이스로 비전문가도 쉽게 웹사이트를 구축할 수 있음. 다양한 템플릿 제공. 이커머스, 이메일 마케팅, 접근성 최적화 등 다양한 플러그인과 통합 서비스 제공.
스퀘어스페이스 (Squarespace)	사용자 친화적인 인터페이스로 비전문가도 쉽게 웹사이트를 구축할 수 있음. 다양한 템플릿 제공. 이커머스, 이메일 마케팅, 접근성 최적화 등 다양한 플러그인과 통합 서비스 제공.
쇼피파이 (Shopify)	사용자 친화적인 인터페이스로 비전문가도 쉽게 웹사이트를 구축할 수 있음. 다양한 템플릿 제공. 이커머스, 이메일 마케팅, 접근성 최적화 등 다양한 플러그인과 통합 서비스 제공.
아달로(Adalo)	모바일 앱을 중심으로 하는 노코드 플랫폼. 드래그 앤 드롭 인터페이스를 사용하여 앱을 만들 수 있으며, 데이터베이스와 API를 직접 관리할 수 있음
글라이드(Glide)	구글 스프레드시트를 기반으로 모바일 앱을 만들 수 있는 도구. 데이터를 스프레드시트에 저장하고 관리하며, 스프레드시트를 업데이트하면 앱도 자동으로 업데이트됨.

이름	서비스 특징
틸다(Tilda)	웹사이트와 랜딩 페이지를 만들 수 있는 도구. 다양한 템플릿과 블록을 제공하여 사용자 친화적인 인터페이스를 구성할 수 있음.
카드(Carrd)	단일 페이지 웹사이트를 쉽게 만들 수 있는 도구. 개인 사이트, 프로필, 이벤트, 제품 랜딩 페이지 등 다양한 용도로 사용될 수 있음.
앱가이버 (AppGyver)	모바일 앱과 웹 앱을 만들 수 있는 노코드 플랫폼. 데이터베이스와 API를 쉽게 연결하고 관리할 수 있으며, 복잡한 로직도 시각적으로 표현할 수 있음.

앞서 표로 정리한 노코드 툴 외에도 이커머스 사이트 개설에 도움이 되는 솔루션을 하나 더 소개하자면, '고도몰'이 있습니다. 커스터마이징이 용이하고, 독립 서버 구축이 가능합니다. 마지막으로 요구사항별로 권장하는 이커머스 솔루션을 정리하니 참고해보시길 바랍니다.

[표] 요구사항별로 권장하는 이커머스 솔루션

쇼핑몰의 요구사항	권장되는 솔루션
많은 트래픽이 예상되고, 안정적인 운영이 우선	카페24
커스터마이징된 기능이 많이 필요	고도몰
임팩트 있는 브랜드 사이트 역할 필요	아임웹, 식스샵
기간계 솔루션(SAP) 등의 연동 필요	카페24, SAP 하이브리스, 세일즈포스 커머스 클라우드
글로벌 세일즈 필요	쇼피파이, 마젠토(Magento), 우커머스
운영, 유지보수가 간단하고 최소의 인력으로 운영 필요	네이버 스마트스토어

자사몰, 꼭 구축해야 할까?

네이버 스마트스토어가 처음에는 소상공인을 중심으로 한 비즈니스로 시작했지만, 운용의 편리성 덕분에 대기업들도 자사몰을 네이버 스마트스토어로 론칭하는 사례가 많아졌습니다.

네이버 '스토어팜' 시절부터 미니샵 형태로 지원을 해주었고, 이는 독립된 온라인몰로 봐도 된다는 분들도 많았습니다. 하지만 독립된 온라인몰이라는 것은 위에 외부 플랫폼만으로 규정하기는 어렵습니다. 나이키의 D2C 사례도 보셨다시피, 고객 데이터 제공 유무 역시 중요한 부분이기 때문입니다.

네이버 스마트스토어는 타 외부몰보다 많은 고객 데이터를 제공해주긴 하지만 사실 제한적인 데이터입니다. 퍼포먼스 마케팅을 하기엔 부족하고 별도의 사이트 퍼포먼스를 체크(구글 애널리틱스 등)하기 위한 툴 설치도 불가능합니다. 그리고 가장 중요한 회원 데이터를 모을 수가 없다는 것도 단점으로 볼 수 있습니다(네이버는 네이버 회원 대상으로 구매를 하게 되어있고, 구매자에 대한 정보는 제공되지만 별도의 마케팅으로 활용할 수 없으며 일정 시간 지나면 데이터가 삭제됨).

물론 이런 단점을 극복하기 위해, 카페24 등을 통해 자사몰을 만들고 네이버 페이를 포함하는 방법도 사용하지만, 스마트스토어보다 가격 비교 노출에 불리하고, 편의성도 상대적으로 떨어지기 때문에 스마트스토어 개설을 선호하는 추세입니다.

여러 단점이 있지만 그럼에도 낮은 수수료, 편리한 사용 방법, 네이버 노출에 유리한 점 등 때문에 스마트스토어를 활용하는 기업들도 많아지고 있습니다.

이솝

이솝_{Aesop}은 자사몰도 있지만 공식 스마트스토어도 운영합니다. 이솝과 같은 모델이 생각보다 많습니다. 단, 이 경우에는 대부분 네이버 스마트스토어에서 매출이 일어나기 때문에 본인들의 자사몰에서는 매출이 거의 발생하지 않고 온라인 브로슈어 형태로 운영되는 곳이 대부분입니다.

이솝 스마트스토어 홈페이지

이솝 자사몰 홈페이지

고객의 80%는 스마트스토어를 선호

온라인에서 소비자 경험이라는 것은 '익숙함'이 전제되어 있습니다.

고객은 화려한 배너 디자인과 신기술이 접목된 사이트보다 익숙하고 편하고, 마일리지 적립과 사용이 편한 곳을 선호하기 마련입니다. 그런 의미에서 네이버 스마트스토어는 고객 입장에서는 매력적인 플랫폼입니다. 제 경험에 의하면 이솝_{Aesop}과 같이 자사몰과 네이버 스마트스토어를 같이 운영할 경우 매출은 2:8 정도로 네이버 결제 비중이 압도적으로 높았습니다.

그럼에도 불구하고 자사몰을 병행하는 이유

글로벌 회사가 최근 이커머스 통합을 많이 하고 있고, 회사마다 의사결정 기준은 다를 수 있습니다. 통합이 중요한 이슈에서 한국만 다른 결정으로 갈 수 없기 때문이고 ERP 서비스와 연결을 하기 위해서는 그들의 플랫폼을 이용해야 하는 경우가 생깁니다.

제가 근무했던 회사도 이러한 이유 때문에 불편하고, 느리고, 서버 문제도 많고 유지보수에 많은 리소스가 필요했지만 불편하고 오류가 많은 글로벌 솔루션을 이용했습니다.

■ 자사몰 vs 스마트스토어

1. 소비자 데이터

소비자의 경험 데이터, 구매 데이터를 보면 자사몰이 유리합니다. 뒤에 소개해드릴 서드파티3rd Party 서비스를 사용하면 특정 고객의 모든 여정을 녹화할 수 있고, 페이지별로 어디를 클릭을 많이 했는지 히트맵 분석도 가능합니다. 의미 있는 결과를 만들어내기 위해선 많은 데이터가 모여야 합니다. 또, 데이터 활용을 위한 장기적인 투자도 필요하기에 이에 따른 솔루션과 인건비를 고려해야 합니다.

2. 많은 운영 인력

자사몰을 운영하려면 생각보다 운영 인력이 많이 들어갑니다. 유지보수 및 서버 성능 최적화에도 갖은 노력을 기울여야 합니다. 이런 운영·관리 리소스가 크게 줄어든다는 측면에서 네이버 스마트스토어를 추천합니다.

3. 노출의 차이

자사몰을 가격비교 사이트에 연결을 해놓았다고 해도 스마트스토어보다 노출 우선순위가 밀리는 것은 어쩔 수 없습니다. 네이버는 스마트스토어를 우선 노출하는 정책을 펼치고 있기 때문에 스마트스토어를 운영하는 것만으로도 노출을 위한 많은 광고비를 절약할 수 있습니다.

4. 제품 카탈로그 운영권

지금 운영하려는 회사가 동일 제품을 타 벤더 혹은 해외 직구를 통해 들어와 경쟁이 심화가 되고, 그 제품이 카탈로그로 묶인 제품이 많다면 이 경우 브랜드사가 노출 우선권을 가지고 통제가 가능합니다. 이는 매우 파워풀한 기능인데, 네이버의 친브랜드 정책으로 이 기능이 포함되었습니다.

[표] 자사몰과 네이버 스마트스토어의 차이 정리

	자사몰	스마트스토어
소비자 데이터	• 데이터 확보 가능 • 히트맵(heatmap) 분석 가능 • 추가 비용 고려 필요	상대적으로 제한적
운영 인력	상대적으로 많은 인력 필요	운영/관리 리소스 크게 줄일 수 있음
노출의 차이	가격비교 사이트 연결에도 불구하고 노출 우선순위 밀림	네이버 스마트스토어 우선 노출 정책으로 광고비 절약 가능
제품 카탈로그 운영권	통제 어려움	통제 가능

　여기까지 읽으신 분들은 자사몰을 어떻게 해야 할지 고민이 깊어지셨을 수도 있겠습니다. 만약 온라인에서 기대되는 매출이 월 5,000만 원 이하고, 회사에서 이커머스에 단기 투자에 고민이시라면 '네이버 스마트스토어'를 추천해드립니다. 디자인 커스터마이징과 기능적인 부분에 제약이 있지만, 앞에서 말씀드린 대로 소비자가 가장 편하게 사용하는 플랫폼이기 때문에 단점보다 장점이 많기 때문입니다.

— 3 —

외부몰에서 판매하기

 영업팀 허 부장

김 과장, 내가 잘 몰라서 그러는데 말이야? 쇼핑몰 구축하는 데 돈이 그렇게 많이 들어? 만약에 비용이 많이 들어간다면 그냥 그 뭐야, 네이버나 씨제이몰 그런 데 있잖아. 우리 와이프가 요새는 씨제이몰에서만 사더라고, 할인을 많이 해준다나.
어찌 되었건 그렇게 그냥 외부몰로 하는 게 낫지 않을까?

외부 입점 판매 모델은 기업 입장에서 솔루션, 서버, 유지보수, 관련 인력 등의 초기 투자가 필요 없는 모델입니다. 영업 담당자를 채용하면, 퍼포먼스에 따라 매출의 변화가 발생합니다.

외부몰에 입점을 하는 것은 전라도 여수 작은 동네에 매장을 열어 판매하는 것보다 서울 명동의 롯데 백화점에 입점해서 판매하는 것이 매출을 높이는 데 더 효과적인 것은 당연합니다.

최근 트렌드는 D2C 자사몰이지만, IT 기반의 투자가 어렵거나 기존 영업 기반의 비즈니스를 유지하고 싶은 기업은 입점을 통한 판매를 추천해 드립니다. 또한 앞절에서도 언급했지만 입점 판매로 지출되는 수수료와 자사몰을 운영했을 때 트래픽을 모으기 위한 광고비를 비교해보면 입점 판매를 하는 경우가 효과적인 경우도 많습니다.

외부몰 입점 전략

영업팀 최 상무

김 과장, 요즘 쿠팡이 대세라고 하던데, 거기 입점 조건 좀 알아봤어? 내 이전 회사 동료가 지금 쿠팡에 들어갔는데, 입점 제안을 하고 싶다고 연락이 왔더라고. 한번 내가 미팅을 주선할 테니까 만나 보라고.

주변에서 쿠팡 들어가서 매출이 5배까지 늘었다는 업체도 있는데 우리도 쿠팡에 입점하면 이거 회사 건물도 큰 걸로 옮겨야 되는 거 아닌가 모르겠네. 아무튼 이 중요한 건을 사장님께 보고할 테니까 우리 제대로 한번 추진해 보는 거야, 알겠지?

자사몰? 그거랑 같이 하는 거지 뭐가 걱정이야. 우리가 지금 할 수 있는 건 다 해봐야 하지 않겠어? 이번 달도 허 부장 팀이 매출을 못하겠다고 드러누웠단 말이지.

내가 볼 땐 우리 회사는 더 전략적으로 온라인 판매에 집중을 해야 될 것 같은데, 김 과장 생각도 그렇지?

　　최근에는 쿠팡과 네이버가 시장 점유율을 대부분 가져가고 있기 때문에, 특정 몰을 구분하는 전략의 변화가 필요한 상황입니다.

　　그렇지만 온라인몰별 특성이 아직 존재하고, MD나 브랜드 매니저의 성향에 따라서도 매출이 변화할 수 있기 때문에 각 몰의 특징을 이해하고 본인의 비즈니스 상황에 맞춘 접근 전략이 필요합니다.

오픈마켓

오픈마켓은 중고 거래 사이트(한국에선 옥션, 미국에선 이베이)가 확대된 모델로, 마켓플레이스(온라인 점포)를 개방해 구매자와 소비자가 직접 거래할 수 있도록 중개하는 플랫폼입니다.

하지만 사업규모와 매출이 성장하면서는 오픈마켓도 MD라는 체제를 갖추고 셀러들과 컨택하여 할인 정책과 노출을 임의로 조정하면서 비즈니스 구조가 변형되었습니다.

오픈마켓의 MD는 기본적인 판매와 구매라는 거래만 간섭을 하지 않을 뿐, 그 중간의 노출과 가격이라는 아킬레스건을 컨트롤하면서 시장의 변화를 주도하게 됩니다. 이러한 판매 구조 때문에 좋은 쪽으로는 오픈마켓이 급성장을 하게 되고, 나쁜 쪽으로는 MD들의 비리가 불거지는 부작용을 낳았습니다.

이베이에서 옥션과 지마켓을 인수하면서 한국의 오픈마켓 시장의 90%의 독과점이 있었지만 가격 중심의 판매 전략과 업체 밀어주기 형태의 운영으로 쿠팡과, 네이버에게 시장 점유율을 빼앗기며 빠르게 재편되었습니다. 결국 신세계에서 이베이 산하의 지마켓, 옥션을 인수하면서 이베이 그룹은 7천억 원에 산 회사의 지분 80%를 3.4조 원에 판매하고 떠났고, 이후 신세계의 성공 유무는 더 지켜봐야 할 것 같습니다.

오픈마켓 판매

오픈마켓 판매는 단순합니다. 지마켓과 옥션에 각각 가입해야 되지만 비교적 간단한 절차를 통해 진행되며, 가입 이후에는 지마켓, 옥션은 한 회사이므로 ESM 2.0이라는 통합 관리 솔루션에서 두 사이트의 제품을 동시에 운영·관리할 수 있습니다(2.0은 그룹옵션 판매가 되지 않아 1.0을 선호하는 사람도 아직 있습니다). 최근 오픈마켓을 선언한 롯데온은 지마켓, 옥션을 벤치마킹을 했기 때문에 전반적으로 유사하지만 제품등록 기준이나 업체 평가기준이 지마켓, 옥션보다 상대적으로 까다롭습니다.

ESM PLUS 로그인 화면

인터파크 외

이외에도 오픈마켓으로 인터파크, 위메프, 티몬 등이 있습니다. 다만 초반에 입점을 통한 매출 성장이 목적이 아니라면 우선순위를 미루는 것이 좋습니다.

쿠팡 입점

쿠팡은 현재 우리나라에서 가장 매력적인 플랫폼입니다.

로켓배송 서비스를 이용하면 쿠팡 물류에 직접 보내져서 쿠팡이 배송을 하기 때문에 배송, CS, 반품 등을 관리하지 않아 편리합니다. 쿠팡의 로켓배송의 힘은 매우 놀랍습니다. 단점은 로켓배송의 경우 가격 통제가 직접되지 않고, 높은 수수료(30~45%)를 요구하며 정산 주기가 늦다는 것입니다.

또한 아마존을 벤치마킹한 관대한 고객 서비스 제도를 운영하기에 고객의 환불 신청은 조건 없이 환불을 해줘야 되고, 출고율 응답률 등 역시 꼼꼼하게 관리를 합니다.

이러한 단점에도 불구하고 요즘 이커머스를 하는 업체들이 쿠팡을 하지 않고는 비즈니스를 할 수 없는 상황까지 오게 되었습니다. 오픈마켓에서 매출이 나지 않는 제품도 쿠팡에서 살아날 수 있기 때문인데요. 정말 생각 이상으로 판매가 잘되는 플랫폼입니다.

예를 들어 국내에 외부몰 입점을 10곳을 동시에 제품을 등록했다고 가정하면 쿠팡에서 제일 먼저 판매될 확률이 높습니다. 그 정도로 구매 이력이 높은 방대한 트래픽, 매력적인 멤버십 제도로 인한 락인 효과도 뛰어나며, 신규 셀러와 기존의 셀러 등의 판매기회를 균등하게 배분하고, 합리적인 광고 시스템도 셀러 입장에서 만족스럽습니다.

■ **쿠팡 입점 신청 방법**

1. 판매자 회원가입 신청

포털사이트에서 쿠팡 윙(wing.coupang.com)을 검색해 접속한 다음 '판매자 회원가입' 버튼을 클릭하여 가입 신청을 합니다.

2. 기본 정보 입력

쿠팡 가입 페이지에서 기본 정보를 입력합니다. 핸드폰 인증을 완료한 후 이용약관에 동의하고 가입을 신청합니다.

3. 상세 가입자 정보 및 서류 제출

로그인 후 상세한 정보를 입력하고 사업자를 인증해야 가입이 완료됩니다.

필요 서류 사업자등록증, 정산 계좌, 통신판매업 신고번호

4. 사업자 정보 승인

사업자 정보 승인이 완료되면 상품을 등록하여 판매할 수 있습니다.

네이버 스마트스토어 입점

네이버 스마트스토어는 쿠팡과 견줄만한 국내 이커머스 플랫폼 중 하나입니다. 쿠팡과 비교하면, 네이버 스마트스토어는 다양한 마케팅 도구와 쉬운 인

터페이스로 좀 더 사용자에게 친숙한 환경을 제공합니다. 그리고 네이버 검색 엔진과 연동되기 때문에 네이버 쇼핑검색 노출에 유리한 점이 가장 큰 장점이라 볼 수 있습니다.

네이버 스마트스토어는 판매자가 가격을 직접 통제할 수 있고, 상대적으로 낮은 수수료를 부과하며 정산 주기도 빠릅니다. 다만, 쿠팡의 로켓배송과 같은 빠른 배송 시스템을 갖추고 있지 않아 배송과 고객 서비스 관리에 주의가 필요합니다. 또한 쿠팡과 같이 고객의 요구와 반품 정책이 엄격하여 고객을 응대할 준비가 되지 않은 상태라면 운영에 어려움을 겪을 수 있습니다.

하지만 이러한 단점에도 불구하고 네이버 스마트스토어는 국내 이커머스 시장에서 가장 중요한 마켓플레이스온라인 점포입니다. 네이버의 방대한 트래픽에 힘입어 판매자 입장에서는 처음 입점하더라도 큰 기회를 얻을 수 있고, 상품의 다양성과 광고 시스템의 효율성 때문에 구매자 입장에서는 편하고 빠르게 구매할 수 있기 때문입니다. 예를 들어 여러 외부몰에 제품을 동시 등록할 경우, 네이버 스마트스토어에서 노출량이 압도적으로 높은 것을 확인할 수 있습니다.

■ **네이버 스마트스토어 입점 신청 방법**

1. 스마트스토어에 접속가입 신청

네이버 스마트스토어(sell.smartstore.naver.com)에 접속합니다.

(네이버 커머스 ID가 없다면 '가입하기' 버튼을 클릭한 후 본인 인증 절차를 거쳐 네이버 커머스 ID 회원가입부터 합니다.)

2. 판매자 유형 선택

스마트스토어센터 가입 화면으로 넘어가서 판매자 유형(개인, 사업자, 해외 사업자)을 선택합니다. 유형에 따라 필요한 서류가 다를 수 있습니다.

3. 본인 인증 후 회원가입

네이버 아이디를 사용하여 회원가입을 진행합니다.

4. 가입 정보 입력

가입 정보를 입력하고, 네이버 비즈니스 서비스와 연결 후 이용약관에 동의합니다.

5. 판매자 정보 입력

소비자에게 노출되는 판매자 필수 정보를 입력합니다.

6. 스토어 정보 입력

스토어 이름과 URL을 입력합니다. 스토어 이름은 한 번만 수정 가능하며, URL은 수정할 수 없습니다.

7. 대표 상품 카테고리 지정 및 출고지 정보 입력

네이버 쇼핑에서 판매하고자 하는 제품의 카테고리를 확인하고, 출고지 정보를 입력합니다. 반품/교환지 주소와 대표자 명의의 계좌도 입력해야 합니다.

8. 담당자 정보 입력 및 본인 인증

마지막으로 담당자 정보를 입력하고 본인 인증 과정을 거칩니다. 이후 자동으로 가입 심사가 진행됩니다.

종합몰 입점

종합몰은 홈쇼핑 기반의 대기업 서비스에서 시작되었기 때문에, 입점이 번거롭고 수수료가 비싼 것이 단점입니다. 종합몰의 시작은 오픈마켓과 같은 회사가 소비자의 거래에서 관여하지 않는 단점을 개선하여 판매자들을 종합몰에서 관리하고, 소비자의 접점에서 직접 CS를 처리해주었습니다. 상품에 대한 승인 절차도 카테고리별 MD들이 직접 승인을 하기 때문에 입점 시간이 걸리는 단점과 동시에 종합몰에서 판매하는 제품의 품질 관리가 된다는 장점도 있었습니다.

신청서를 별도로 내고 승인을 받는 과정을 거치고 지금도 대부분 담당 MD가 배정이 됩니다. 이 번거로운 과정과 높은 수수료 때문에 지금도 입점을 꺼려하시는 분들도 있는 한편, 브랜드 관리 측면에서 오픈마켓에 입점하지 않고 종합몰만 입점해 판매하는 업체들도 있습니다.

하지만 이런 프로세스상 불편함과 높은 수수료 때문에 종합몰의 인기는 점점 줄어드는 상황입니다. 신세계, 이마트몰, 신세계백화점을 통합한 ssg.com

이 론칭 후 성장을 하는 듯 했지만, 쿠팡과 네이버의 공세에 밀려 고전을 하고 있었습니다.

SSG.COM 홈페이지

전문몰 입점

영업팀 허 부장

> 김 과장, 요즘 마켓컬리다 무신사다 이런 업체들이 왜 인기가 있는 거야? 오늘 아침 인원 회의 때 사장님이 무신사 이야기를 여쭤보시는데 아는 게 있어야지. 우물쭈물 하다가 제대로 대답도 못했다니까. 이런 온라인몰이 있으면 나에게 그때그때 이야기 해주라고. 명색이 영업 총괄 임원이 온라인 어디가 판매가 잘되는 줄은 알아야 될 것 아닌가.

> 시간이 없으니까 당장 마켓컬리, 무신사 이런 곳을 조사해서 빨리 보고해주게. 사장님께 보고를 다시 해야 되니까 말이지. 서두르라고!

예전엔 전문몰이라고 불렀지만, 요즘엔 '버티컬 커머스_{Vertical Commerce}'라는 말로도 통용됩니다. 즉, 깊게 파고든다는 의미로 무신사, 오늘의집, 컬리(구 마켓컬리) 등이 버티컬 커머스의 예입니다.

고객을 세분화하는 비즈니스는 시장이 작고, 그렇기 때문에 성장에 한계가 있다는 전형적인 오프라인 방식의 사고가 지배적이었습니다. 하지만 요즘 전문몰을 보면 이와는 다른 양상으로 바라보게 됩니다. 세스 고딘이 말했던 '작은 것이 큰것이다'[1]라는 이야기가 현실적으로 적용되는 곳이 온라인이라고 생각됩니다.

전문몰은 한때 중소형 쇼핑몰로 통용되었지만 요즘 잘 나가는 전문몰(무신사, 컬리, 오늘의집)의 매출 규모는 왠만한 종합몰을 이미 넘어섰습니다. 만약 근무하는 회사에서 각 전문몰에 부합되는 제품을 판매하고 있다면, 종합몰보다 전문몰에 먼저 입점하는 것이 좋습니다.

매출 연 10억 이하의 경우 쿠팡, 네이버 스마트스토어부터 시작하고 그 뒤 지마켓, 옥션, 롯데온, 인터파크, 그 외 종합몰 순으로 확대하는 것을 추천해 드립니다.

무신사

무신사는 2022년 매출액이 전년 대비 약 60% 증가한 6,452억 원을 기록하며 전년 대비 50% 이상 성장했습니다. 자회사를 포함한 전체 매출액은 7083억 원으로 전년 대비 54% 성장했습니다.

무신사는 럭셔리, 뷰티, 골프, 스포츠, 키즈 등 전문 카테고리로 영역을 확장하고 있습니다. 또한 여성 고객층과 25~35세 신규 구매자를 늘리는 데 주력하고 있습니다. 무신사는 2022년 일본, 미국, 싱가포르, 태국 등 13개국에 글로벌 스토어를 오픈하고 웹과 앱 서비스를 시작하는 등 글로벌 진출에 박차를 가하고 있습니다. 또한 무신사는 국내외 브랜드 투자 전략을 확대하고 입점 브랜드에 대한 오프라인 마케팅 활동을 강화할 계획입니다.

컬리

컬리의 2022년 총 거래액은 전년 대비 65% 증가하며 2조 원을 달성했습니다. 매출액은 64% 증가한 1조 5614억 원을 기록했습니다. 이 같은 성장률은 국내 온라인 쇼핑 평균의 3배에 달하는 수치입니다.

---

1   세스 고딘, 『이제는 작은 것이 큰 것이다』, 안진환 역 (재인, 2009)

컬리는 이제 식품(마켓컬리)을 넘어 비식품(뷰티컬리)까지 상품군을 확장해 전체 상품 구성의 33%를 비식품이 차지하고 있습니다. 뷰티와 가전 판매도 크게 늘었습니다. 이러한 빠른 성장에도 불구하고 2022년 당기순손실 1조 2,900억 원을 기록했는데, 이는 우선주 관련 회계 처리 때문이며 향후 흑자 전환을 목표로 하고 있습니다.

오늘의집

오늘의집은 파이낸셜 타임즈가 2023년 한국에서 가장 빠르게 성장하는 이커머스 기업으로 선정할 정도로 빠르게 성장하고 있습니다. 2018년 720억 원이었던 연매출은 2022년 1,864억 원으로 증가했으며, 최근 몇 년간 50% 이상의 성장률을 유지하고 있습니다.

인테리어 중심 플랫폼에서 종합 라이프스타일 앱으로 전환하고 있습니다. 제품 카테고리를 확장하고 사용자 참여를 강화하기 위해 노력하고 있습니다. 또한 오늘의집은 인플루언서 마케팅과 콘텐츠 다양화에 주력하여 더 많은 고객을 유치하기 위해 노력하고 있습니다.

— 4 —

자사몰 + 외부몰

최근 자사몰과 리테일러 몰에 모두 입점 판매를 하는 하이브리드형 모델을 쓰는 기업도 많이 생기고 있습니다.

요즘은 온라인몰에 모아진 상품평을 내가 운영하는 자사몰에 포워딩 해주는 서비스가 있는데, 이를 활용하면 효율적인 운영이 가능합니다. 하지만 사실상 자사몰은 신제품 브로슈어나 제품 브랜딩을 위한 페이지, 아니면 온라인 벤더들에게 애셋_{Asset}을 배포하는 정도로 사용하고, 실제 매출은 네이버 스마트스토어 같은 곳을 통해 발생시키는 사례도 있습니다.

즉, 회사의 제품이 소비자가 인지할 만한 브랜드가 존재하고, 꾸준하게 판매되는 제품이 있다면, 초반에 쿠팡과 네이버 두 곳을 집중하는 방법을 추천해드립니다.

– 5 –

통합 솔루션 이용

　온라인몰을 여러 곳 이용하게 되면, 상품등록, 제품 주문처리, CS 관리를 일일이 해야 하는데 이 번거로움을 해결해주는 통합 솔루션이 있습니다.

　통합 솔루션은 제품 등록도 편하고, 재고 문의에 신속하게 대응할 수 있다는 것이 장점입니다. 예를 들어 운영 중인 온라인몰에서 특정 몰에 제품이 모두 판매되었다면, 전체 몰에 품절 처리를 해야 합니다. 그런데 이 상황을 빠르게 대응하지 못하면 재고가 없는 상태에서 주문이 발생할 수 있고, 이 때문에 고객의 컴플레인까지 처리해야 하는 상황까지 번지기도 합니다. 그렇기 때문에 온라인으로 관리할 몰이 많다면 통합 솔루션을 이용하기를 권장해 드립니다.

　우리나라에는 대표적으로 사방넷과 플레이오토를 많이 사용하며, 재고 연동을 제외한 쇼핑몰별 제품 발주만 관리하고 싶으면 샵마인을 사용하면 저렴하고 안정적인 기능을 사용할 수 있습니다.

■ **온라인몰 통합관리 솔루션**
[사방넷] https://www.sabangnet.co.kr
[플레이오토] https://www.plto.com
[샵마인] http://www.shopmine.co.kr

플레이오토 사이트

CHAPTER 05

이커머스
조직 구성

− 1 −

포지션별 구성

 영업팀 최 상무

> 허 부장, 이리 좀 앉아봐. 자네 팀 말이야. 매출이 계속 떨어지고 있는 것에 대해 어떻게 생각하나? 지금 이대로 가면 팀 인건비도 안 나올 지경이라고. 지금 매출 떨어지는 것에 대한 다른 대안이 있나? 올해까지 매출 다시 끌어올리지 못하면 자네 팀 인원을 줄일 수밖에 없네.

> 아마, 그 인력은 이커머스 팀으로 배치가 될 거야. 오프라인만 했다고 온라인 못하는 게 어딨어? 온라인이 뭐 대수야? 소비자에게 물건 팔고 쇼핑몰 담당자에게 영업하고 하는 건 오프라인이나 온라인이나 똑같지, 뭐가 달라.

> 김 과장? 걱정하지 말게. 내가 다 잘 말해서 설득할 테니까. 그 친구는 무슨 전문 인력을 채용하겠다고 연봉 비싼 친구들만 보고 있는 것 같던데, 오프라인 영업팀 애들 데려다가 잘 가르쳐 보라고 해야지, 뭐 어쩌겠나. 회사가 어떻게 원하는 인력 다 뽑아주면서 비즈니스를 해?

비즈니스 모델을 정했으면 이제 조직 구성을 할 차례입니다. 당연하게도 외부몰 중심의 영업 전략으로 온라인 외부몰을 확대할 계획이라면 IT, 오퍼레이션, 운영 인력들은 축소하고 영업 담당자를 확대하는 형태로 조직 구성을 해야 합니다.

물론 이커머스에서 조직 구성은 기업마다 특징이 다릅니다. 그렇기 때문에 업태의 특징, 지원부서의 유무에 따라 해당 포지션의 사용 유무를 결정해야 합니다.

영업팀 최 상무

김 과장, 요새 채용 어떻게 되고 있지? 지금 이력서 추천한 인재들은 보고 있는데 다 좋은데 말이야. 이커머스 인력들은 인건비가 비싸단 말이야. 혹시 연봉 낮은 친구들은 없나? 우리 회사의 연봉 테이블이라는 게 있는데, 이커머스 팀만 유독 높게 주긴 어려운 거 자네도 잘 알 거야.

그래서 말인데, 연봉에 맞는 적합한 인력이 없다면 내가 두어 명 추천을 하려고 하네. 그 허 부장네 팀에 곽 대리와 정 대리 알지? 그 친구들이 신입으로 들어와서 이제 영업사원 티가 제대로 나는 우리 회사에 핵심 인재들이라고. 그 친구들을 이커머스 팀으로 추천하고 싶은데, 괜찮겠지?

이커머스 포지션은 리더마다 방법이 다릅니다. 각자의 비즈니스 모델에서 개발된 경우가 많기 때문에 정답은 없습니다. 아래 내용을 우선 참고하신 후 각자의 모델에 접목하기를 추천해 드립니다.

회사마다 포지션 네이밍이 다르게 구분될 수 있지만, 큰 업무 영역의 구분으로 이해해주시고, 각각의 적합한 타이틀을 붙이는 것은 무방합니다.

> **참고** 저는 MD 포지션을 선호하지 않습니다. MD라는 개념이 오프라인 베이스에서 나오기도 했지만, 흔히들 '뭐든지 다한다'의 약자로 불리며 마치 세일즈와 웹마스터의 역할부터 오퍼레이션까지 모두 커버해야 하는 모호한 포지션이라고 생각합니다.
> 그리고 저는 초기에 매니저급의 시니어급 인재를 채용하고 비즈니스가 성장함에 따라 어시스턴트 매니저라는 포지션이 지원 인력으로 충원되는 구조로 설계했습니다. 물론 초기에 매니저 레벨의 채용이 어렵다면 어시스턴트 매니저를 먼저 채용할 수도 있습니다.

메인 포지션

세일즈 매니저

세일즈를 총괄하고 세일즈 포어캐스트Forecast, 물량계획를 통해 적중률을 높여 전체 비즈니스의 내부 신뢰를 높이고, 외부의 판매를 촉진하는 역할을 합니다. 세일즈 매니저는 단순히 매출액을 많이 올리는 것보다는 계획된 물량과 금액을 정확하게 맞추는 것이 더 중요합니다. 특히 외국계 회사의 경우, 수입 제품을 가져오는 리드타임이 최소 3개월에서 6개월까지 걸리기 때문에 온라인의 세일즈 포어캐스트의 높은 적중률은 필수입니다.

팀장은 KPI를 통해 세일즈 매출금액과 포어캐스트 적중률 두 가지를 동일한 비중으로 평가를 하는 것이 바람직합니다. 세일즈 매니저는 주간/매일 세일즈 진척사항을 체크하고, 포어캐스트 대비 부족한 부분을 분석하여 부족할 경우 이를 만회할 수 있는 계획이 준비되어야 합니다. 신규 제품을 개발하고, 단독 모델의 지속적인 개발과 협의가 필요합니다. 가격 충돌이 많은 회사일수록 파생상품일부 기능이나 컬러가 다른 모델을 적극적으로 개발하고, 이에 따른 포어캐스트 계획을 수립해야 합니다.

포어캐스트 물량 확보를 통해 내부 커뮤니케이션이 원활해야 하고, 내부영업이 뛰어나야 합니다. 외부몰을 입점할 경우, 온라인몰 MD를 상대하므로 협상력, 통솔력, 리더십이 필요합니다.

마케팅 매니저

세스 고딘의 『마케팅이다』에서는 우리가 만드는 것, 만드는 방식, 만들어서 제공하려는 대상 모두 마케팅의 영역에 속한다고 이야기합니다. 이처럼 미디어에 광고를 노출하고 타겟을 유입하는 정도로 하는 업무는 마케팅에 작은 부분이 되었습니다. 이커머스 역시 마케팅 매니저의 역할이 매우 광범위하고 이커머스의 A-Z까지 관여하게 됩니다. 그러다 보니 세일즈 매니저와 업무상의 충돌이 발생할 수 있고, 자칫 잘못하면 서로 얼굴 붉히는 사이가 될 수 있기 때문에 초반에는 팀원간 업무분장_{Role and Responsibility}을 명확하게 하는 것이 필요합니다.

마케팅 담당의 주요 미션은 '효과적인 외부 트래픽 유입'과 '유입 이후 내부 고객 여정에서 효과적인 전환 유도'입니다. 이 두 가지를 모두 잡는 게 쉽지 않기 때문에 디지털 및 퍼포먼스 마케팅에 대한 이해력이 높아야 합니다.

랜딩 프로모션 페이지 카피 한 줄도 제품 전체를 통찰하며 감각적으로 작성해야 되고, 제품에 대한 높은 이해도를 바탕으로 프로모션 페이지를 만들어야 합니다. 우리의 타겟 고객을 충분이 이해하고 그들이 관심을 갖는 영역 안에서 모든 행위가 디자인되어야 합니다.

또한 마케팅 매니저는 세일즈 매니저와 마찬가지로 숫자에 대한 감각이 뛰어나야 하고, 본인의 모든 업무를 정량적으로 평가를 할 수 있어야 합니다. 마케팅 업무 진척사항을 매일/매주 정량적으로 업데이트해 각각의 이슈 포인트를 세일즈 매니저와 동일하게 매출 달성전략_{Gap-fill, 현재 상태와 목표와의 차이를 인지하고, 그 차이를 메우는 것을 의미}할 수 있는 전략을 수반해야 합니다.

오퍼레이션 매니저

이 인원이 얼마나 필요할지는 세일즈와 마케팅 인력을 어떻게 편성하느냐에 따라 나뉩니다. 개인적으로 팀을 꾸리면 세일즈와 마케팅 담당들이 오퍼레이션 업무도 같이 해주길 희망하지만, 제대로 안 될 경우가 있습니다. 각 조직 구성원의 업무수행 능력 등을 고려해서 인원 구성을 결정해야 합니다.

오퍼레이션 매니저는 사이트 내의 이슈를 확인하고 해결하는 부분부터, 매일 반복되는 주문-오더-배송-환불 절차에서 발생되는 운영 이슈들을 해결하는 담당자입니다. 오퍼레이션 파트 안에 CS도 들어가길 희망하며, 사이트 품질관리 및 제품등록과 업데이트 등의 업무도 포함됩니다.

이커머스 비즈니스는 크게 이 3가지 메인 포지션 안에서 모두 소화가 됩니다. 비즈니스가 커질수록 각 파트 담당자는 매니저 역할로 승격되며, 각 부하 직원들이 충원되는 형태로 발전시켜 나가면 됩니다.

세일즈는 크게 제품별 담당이 구별될 수 있으며, 외부몰의 경우 어카운트 매니저를 구성할 필요가 있습니다. 그리고 '세일즈 어드민'이라고 불리는 상품 등록/운영하는 업무를 전문화할 수 있습니다.

이 조직 구성 사례는 일반적인 영업/마케팅/파이낸스/CS/로지스틱 팀 구조가 존재하는 기존 조직에 추가하는 형태로 구성되어 단순합니다. 다만 기존 조직이 없는 경우라면 다음의 추가 인력을 고려해야 합니다.

추가 포지션

로지스틱 매니저

물류 담당은 기본적으로 필요한 인력입니다. 외부에 서드파티Third Party 업체와 함께한다고 해도, 그들과 커뮤니케이션을 하며 입고/출고/반품 처리를 진행하고 책임질 담당자가 필요합니다.

CS팀 매니저

물류와 마찬가지로 고객의 문의를 상담하고 처리할 수 있는 담당자가 반드시 필요합니다. 대부분 초기 기업들이 CS 인력을 고려하지 않고 진행하는 경우가 많은데, 반드시 필요한 인력입니다.

퍼포먼스 마케터

이커머스 초반에는 전담 인력을 채용하는 것은 부담되지만, 내부로 유입된 트래픽을 구매 전환으로 유도해주는 점에서 중요도가 높은 포지션 중 하나입니다.

데이터 애널리스트

이커머스 팀은 매우 데이터 중심적입니다. 고객 행동, 웹사이트 성과, 마케팅 효과 등 다양한 데이터를 분석하여 가치 있는 인사이트를 도출해야 합니다. 데이터 분석가나 데이터 과학자는 이러한 데이터를 관리하고 분석하는 역할을 담당하며, 이를 통해 효율적인 의사결정을 돕습니다.

성장을 위한 전문 포지션

UX 디자이너

사용자 경험UX, User eXperience은 이커머스 성공의 핵심 요소 중 하나입니다. UX 디자이너는 웹사이트나 앱의 디자인과 기능을 최적화하여 사용자가 효율적으로 정보를 찾고 구매를 완료할 수 있도록 합니다.

프로덕트 매니저

제품 관리자는 이커머스 플랫폼의 전체 제품 포트폴리오를 관리합니다. 이들은 각 제품의 성과를 모니터링하고 신제품 출시, 가격 설정, 재고 관리 등을 담당합니다.

SEO 스페셜리스트

이커머스 사이트의 가시성을 향상시키는 데 중요한 역할을 하는 SEO 전문가는 웹사이트의 검색 엔진 최적화SEO, Search Engine Optimization를 담당합니다. 이는 웹사이트가 검색 엔진에서 더 높은 순위를 얻어 더 많은 트래픽을 유치하는 데 도움이 됩니다.

콘텐츠 매니저

품질 높은 콘텐츠는 이커머스 사이트에 방문한 고객이 제품을 구매하도록 유도하는 데 결정적인 역할을 합니다. 콘텐츠 전략가나 작가는 웹사이트의 제품 설명, 블로그 게시물, 마케팅 메시지 등을 만들고 관리합니다.

웹 디자이너와 개발자

 마케팅팀 고 대리

> 김 과장님, 혹시 이커머스 팀에 웹 디자이너 뽑으세요?
> 저희도 상세 페이지 만들려면 외주를 줘야 하는 거 아시죠? 내부에
> 웹 디자이너가 있으면 이커머스 팀에서 직접 만들어도 되니까 효율
> 적일 것 같아요. 꼭 내부에 이야기하셔서 웹 디자이너를 채용하셨
> 으면 좋겠어요. 제가 도움을 드릴 수 있는 점이 있으면 언제든지 말
> 씀해주세요!

웹 디자이너는 뽑아야 되지 않나요? 개발자는 어떻게 뭐야 되죠? 식의 질문을 많이 받습니다. 많은 분들이 이커머스 조직을 꾸릴 때 이 인력을 채용할지 말지 고민을 하는데요. 제 의견은 '외주 운영이 효율적이다'입니다. 이유는 아래와 같습니다.

웹 디자이너를 채용할 경우, 시니어 레벨의 잘하는 디자이너는 채용도 어렵지만 이에 따른 연봉이 부담이 됩니다. 반대로 주니어 레벨의 디자이너를 뽑게 되면 결과에 만족하지 못할 확률이 높습니다. 웹 디자인과 개발 포지션을 관리하려면 원활한 커뮤니케이션 능력과 작업 공수 계산이 필요한데, 이를 위해서는 어느 정도 개발 혹은 웹 디자인에 대한 지식을 갖추어야 합니다. 하지만 이러한 역량 없이 이들과 소통하려는 경우에는 문제가 생깁니다. 예를 들어 시니

어 레벨의 디자이너에게 결과물을 수정하라고 했을 때, 요청사항을 오해하거나 컨트롤이 되지 않을 경우도 발생하며, 작업 기간을 조율하는 것도 생각보다 어렵습니다.

개발자는 비즈니스 모델에 따라 필요 여부가 달라집니다. 쇼핑몰 솔루션을 자체 구축했을 경우에는 대부분 내부 개발자가 있습니다. 특히 글로벌 셀러로서 운영하는 회사라면 로컬 IT 담당자가 있는 것이 효율적이므로 개발자가 꼭 필요합니다. 한편, 상용화된 외부 플랫폼을 이용하거나 외부몰에 입점을 할 경우에는 개발자가 없어도 운영이 가능합니다.

비즈니스 모델 추천 구성

초기 스타트업 모델

비즈니스 모델별로 구분되지만 저는 팀장 1, 마케팅 매니저 1, 세일즈 매니저 1 이렇게 3명으로 시작하는 것을 권장해 드립니다. 초기 오퍼레이션 업무는 서로 공유하며, 론칭 후 초기 성장 시점에서 오퍼레이션 매니저 1명을 충원합니다. 그리고 그 뒤에 매니저별 어시스턴트로 조직을 확대해 갑니다.

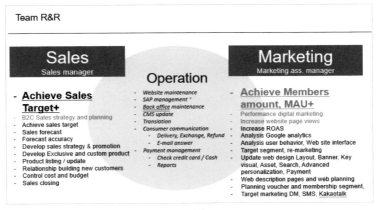

팀 R&R 사례

세일즈 모델

이 모델은 상품 판매에 주력하는 모델입니다. 이런 모델에서는 세일즈 매니저가 가장 중요한 역할을 합니다. 이들은 상품 전략을 설정하고, 판매량을 책임지며, 고객의 니즈를 파악해 상품을 맞춤 제작할 수 있어야 합니다. 또한 이들은 시장의 트렌드를 파악하고, 변화에 빠르게 대응할 수 있는 능력이 필요합니다. 물론 세일즈 매니저만으로 비즈니스를 운영할 수는 없으므로 오퍼레이션 매니저와 마케팅 매니저도 함께 구성해야 합니다.

이커머스 팀장, 세일즈 매니저 1, 제품 매니저 1, 마케팅 매니저 1, 오퍼레이션 매니저 1

브랜딩 모델

이 모델은 브랜드 인지도를 높이는 데 초점을 맞춥니다. 따라서 마케팅 매니저와 콘텐츠 전략가/작가가 주요 역할을 합니다. 마케팅 매니저는 브랜드 메시지를 고객에게 전달하는 전략을 수립하며, 콘텐츠 전략가/작가는 브랜드 스토리를 전달하는 데 필요한 콘텐츠를 만들어냅니다. 브랜드 이미지와 메시지를 전달하는 과정에서 사용자 경험도 중요하기 때문에 UX 디자이너 역시 필요합니다.

마케팅 매니저 1, 마케팅 어시스턴트 1, 세일즈 매니저 1, 오퍼레이션 매니저 1
다음 단계에서 우선 고려해야 할 포지션: 컨텐츠 매니저, SEO 스페셜리스트

자사몰 모델

자사몰을 운영하는 비즈니스 모델에서는 모든 포지션의 균형이 중요합니다. 세일즈, 마케팅, 오퍼레이션 매니저는 기본적으로 필요하며 데이터 분석가, UX 디자이너, 제품 관리자 등의 역할도 중요합니다. 특히 자사몰을 운영

하는 경우, 고객 경험과 제품 품질에 직접적인 영향을 미치므로 이 두 가지 영역을 담당하는 UX 디자이너와 제품 관리자의 역할이 중요합니다. 또한 자사몰은 자체 플랫폼을 유지보수 하고 기술적 문제를 해결해야 하므로 적절한 인력 배치가 필요한 모델입니다.

이커머스 팀장, 오퍼레이션 매니저 1, 제품 매니저 1, 세일즈 매니저 1, 마케팅 매니저 1, UX/UI 디자이너 1, 데이터 분석가 1

다음 단계에서 우선 고려해야 할 포지션: IT/시스템 매니저, 고객 서비스 매니저, 로지스틱스 매니저

위와 같이 초기 단계에서는 기본적인 비즈니스 운영을 위한 인력 구성이 필요하며, 비즈니스가 성장하면서 특정 영역의 전문가를 더 뽑는 것이 좋습니다. 특히 자사몰 구성 모델의 경우, 고객의 사용 경험을 직접 관리하고 개선해야 하므로 UX/UI 디자이너와 데이터 분석가가 필요하고, 사이트의 안정적인 운영을 위해 IT/시스템 매니저가 필요합니다. 또한 제품 배송과 관련된 로지스틱스 관리와 고객 서비스도 중요하므로 이 부분을 담당할 수 있는 로지스틱스 매니저와 고객 서비스 매니저를 고려해 볼 수 있습니다.

포지션	세일즈 드라이브 모델	브랜딩 모델	자사몰 구성 모델
이커머스 팀장	○	–	○
세일즈 매니저	○	○	○
프로덕트 매니저	○	–	○
마케팅 매니저	○	○	○
오퍼레이션 매니저	○	○	○
마케팅 어시스턴트	–	○	–
UX/UI 디자이너	–	–	○

(다음 페이지에 계속)

포지션	세일즈 드라이브 모델	브랜딩 모델	자사몰 구성 모델
데이터 분석가	–	–	○
IT/시스템 매니저	–	–	다음 단계
고객 서비스 매니저	–	–	다음 단계
로지스틱스 매니저	–	–	다음 단계
콘텐츠 매니저	–	다음 단계	–
SEO 스페셜리스트	–	다음 단계	–

– 2 –

이커머스는 사람이 답입니다

이커머스 인재론에 대해 물어보면 카세트의 플레이 버튼을 누른 것처럼 자연스럽게 나오는 말이 있습니다.

이커머스는 과거의 지식보다 앞으로의 변화가 더 필요한 포지션입니다.

지나간 과거의 경험과 지식은 대부분 필요없거나 적어지는 게 대부분이고
앞으로의 새로운 변화를 받아들이고 빠르게 적응할 수 있는 인재가 필요합니다.

교과서 같은 이야기입니다만, 실제로 앞으로의 변화를 기대하고 새로운 지식과 정보를 끊임없이 습득할 수 있는 사람이 이커머스를 잘 할 수 있는 자질을 가졌다고 볼 수 있습니다. 거기에 이커머스 비즈니스의 대부분은 인건비로 충당이 되기 때문에 사람에 따라 비즈니스의 성공 여부가 결정될 정도로 영향이 큽니다. 거기에 가장 큰 리스크는 경력이 높다고 해도 퍼포먼스가 보장되는 것이 아니라서 채용 시 각별한 주의가 필요합니다.

역량이 적은 경력자보다 성장 가능성이 높은 신입직원을 성장시키는 것이 더 좋은 전략일 수 있습니다. 다만 이 또한 장단점이 분명하므로 충분히 고민해봐야 합니다. 이제 이커머스 직원들이 갖춰야 할 역량에 대해 알아보겠습니다.

– 3 –

이커머스 인재가 갖춰야 할 역량

필요 역량

- **기술 이해도**: 이커머스는 디지털 플랫폼 위에서 이루어지기 때문에 기본적인 기술에 대한 이해가 필요합니다. 웹사이트, 모바일 앱, 소셜 미디어, 인공지능 등 다양한 기술 트렌드와 그 기능을 이해하고, 이를 통해 고객에게 제공할 수 있는 가치에 대해 알아야 합니다.

- **고객 중심적 사고방식**: 고객의 입장에서 사고하고 고객의 요구를 이해하는 능력이 중요합니다. 이는 제품 개발, 마케팅 전략, 고객 서비스 등 모든 측면에서 필요한 역량입니다. 고객의 요구와 행동을 이해하고 그에 맞는 제안을 할 수 있어야 합니다.

- **데이터 분석 능력**: 이커머스는 많은 양의 데이터를 생성합니다. 이 데이터를 이해하고 분석하여 비즈니스 의사결정에 활용할 수 있는 능력이 필요합니다. 이는 고객 행동, 판매 성과, 웹사이트 트래픽 등 다양한 데이터를 포함합니다.

- **적응성과 유연성**: 이커머스는 빠르게 변하는 산업입니다. 따라서 새로운 트렌드, 기술, 소비자 행동 등에 빠르게 적응하고 이를 통해 비즈니스 전략을 수정할 수 있는 능력이 중요합니다.

- **협업과 커뮤니케이션 능력**: 이커머스는 다양한 부서와 팀이 함께 일해야 하는 비즈니스입니다. 개발자, 마케터, 고객 서비스 팀, 제품 팀 등과 원활하게 소통하고 협업할 수 있는 능력이 필요합니다.

- **창의적 사고**: 이커머스에서 성공하기 위해서는 독특하고 창의적인 아이디어를 제시할 수 있는 능력이 중요합니다. 이는 제품, 서비스, 마케팅 전략 등에서 적용될 수 있습니다.

이 역량들은 이커머스 인재가 가지고 있어야 할 핵심적인 능력입니다. 하지만 모든 능력을 처음부터 완벽하게 갖추고 있지 않아도 됩니다. 그보다는 계속해서 자기 개발에 투자하고, 새로운 도전을 두려워하지 않도록 지속적으로 독려를 할 수 있어야 합니다. 이커머스 산업은 계속해서 진화하고 있기 때문에, 변화를 받아들이고 새로운 학습을 계속하는 것이 중요합니다.

부가 역량

- **프로젝트 관리 능력**: 이커머스 프로젝트는 여러 단계와 다양한 관련자들을 관리해야 합니다. 프로젝트의 목표를 달성하기 위해, 필요한 리소스를 관리하고 일정을 관리하며 문제를 해결하는 능력이 필요합니다.
- **전략적 사고력**: 이커머스에서는 단기적인 성과뿐 아니라 장기적인 성장 전략도 중요합니다. 이를 위해 시장 동향을 이해하고, 경쟁 상황을 분석하며, 비즈니스 모델을 평가하는 전략적 사고력이 요구됩니다.
- **글로벌 시야**: 이커머스는 지리적인 제한이 없는 글로벌한 비즈니스입니다. 다양한 국가와 문화에 대한 이해와 존중, 다양한 언어에 대한 소양 등이 요구됩니다.
- **윤리적인 판단력**: 고객 정보 보호, 공정한 거래 등 이커머스에서는 다양한 윤리적 이슈가 발생할 수 있습니다. 이런 상황에서 올바른 판단을 내릴 수 있는 윤리적인 판단력이 요구됩니다.

이렇게 다양한 역량이 요구되지만, 모든 것을 한번에 갖출 필요는 없습니다. 그보다는 이런 역량들을 개발하고자 하는 의지와 노력하는 자세가 필요합니다. 성장하려는 마음가짐이 있고, 산업의 변화에 유연하게 대응할 수 있다면 이커머스 인재로서 기본 자질을 갖추었다고 생각합니다.

그렇다면 이런 필요한 역량이 있는 인재들을 어디서 찾을 수 있을까요?

– 4 –

적합한 인재 찾기

이커머스 인력을 찾는 일은 어렵습니다. 주변 네트워크를 통해 추천을 받는 것이 가장 바람직하지만 여의치 않을 경우에는 다음의 순서로 인재를 찾는 것을 추천해 드립니다.

1. **전문가 추천**: 자신의 네트워크 안에 있는 전문가나 이커머스 분야에 깊은 이해를 가진 사람들에게 인재를 추천 받는 방법도 있습니다. 이들이 추천하는 인재는 자신들의 신뢰를 받는 사람일 가능성이 높습니다.

2. **소셜 네트워크 활용**: 말씀하신 것처럼 링크드인LinkedIn, 페이스북 등의 소셜 네트워크 사이트는 인재 찾기에 아주 유용한 도구입니다. 특히 링크드인은 전문적인 네트워크를 구축하고 관리할 수 있는 플랫폼이므로 이커머스 분야의 인재를 찾기에 아주 적합합니다.

3. **네트워킹 이벤트 참여**: 이커머스 관련 컨퍼런스, 세미나, 워크샵 등의 네트워킹 이벤트에 참여해서 인재를 찾는 방법도 있습니다.

4. **채용 에이전시 혹은 헤드헌터 이용**: 이커머스 분야에 특화된 채용 에이전시나 헤드헌터를 이용하는 것도 방법입니다. 이들은 이커머스 인재 시장에 대한 깊은 이해와 넓은 네트워크를 가지고 있으므로, 효과적으로 인재를 찾을 수 있습니다.

5. **전문 인재 채용 사이트 이용**: 많은 전문 인재 채용 사이트가 이커머스 분야의 인재를 찾아주는 서비스를 제공합니다. 이런 사이트를 통해 특정 역량을 가진 인재를 찾을 수 있습니다.

6. **인턴십 프로그램 운영**: 자신의 회사에서 인턴십 프로그램을 운영하고, 우수한 인턴을 정직원으로 전환하는 방법도 있습니다. 이는 직접 인재를 키워내는 방법이며, 해당 분야에 대한 신입 인력의 역량을 향상시키는 방법입니다.

— 5 —

인재 유지하기

인재를 찾는 일만큼 중요한 것은 그 인재를 유지하는 일입니다. 인재가 자신의 역량을 최대한 발휘할 수 있는 환경을 제공하고, 그들이 행복하게 일할 수 있는 조건을 만들 수 있어야 합니다. 그렇게 하려면 다음과 같은 사항을 고려해야 합니다.

- **경쟁력 있는 보상 제도**: 인재는 자신의 노력과 역량에 대해 적절히 보상을 받는 환경에서 일하고 싶어합니다. 그러므로 경쟁력 있는 급여와 복리 후생 제도를 마련해야 합니다. 또한 인재의 성과를 기반으로 한 보너스 제도나 승진 기회를 제공하는 것도 중요합니다.

- **직무 만족도와 성장 기회 제공**: 인재는 자신의 역량을 최대한 발휘할 수 있는 일을 하고 싶어합니다. 그러므로 직무에 대한 만족도를 높이기 위해, 인재의 역량과 흥미를 반영하는 일을 할 수 있도록 배치해야 합니다. 또한 인재가 계속 성장할 수 있는 기회를 제공하는 것도 중요합니다. 이를 위해 교육 프로그램을 운영하거나 멘토링을 제공하는 등의 방법이 있습니다.

- **좋은 사내 문화 구축**: 인재는 좋은 사내 문화에서 일하고 싶어합니다. 그러므로 서로를 존중하고, 협업을 장려하는 등의 긍정적인 사내 문화를 구축하는 것이 중요합니다. 또한 사내 문화가 인재의 다양성을 반영하고 존중하는 것도 중요합니다.

- **적절한 워크라이프 밸런스**: 오늘날 많은 인재들은 일과 삶 사이의 균형을 중요하게 생각합니다. 그러므로 유연한 근무 시간, 원격 근무 옵션, 충분한 휴가 제도 등을 통해 인재가 적절한 워크라이프 밸런스를 유지할 수 있도록 돕는 것이 중요합니다.

이와 같이 인재를 찾는 것과 그 인재를 유지를 잘하는 것이 이커머스 팀 빌딩에 가장 중요한 분입니다. 왜냐하면 이커머스 파트는 시장 수요가 많아 직원들의 이직 수요가 많기 때문에 조건과 동기부여가 부족하면 쉽게 이직을 고려하게 됩니다.

	기본						제안 2						GAP					
	1,736	2,459	6,820	8,590	10,200	20,400	1,736	2,459	6,820	8,590	10,200	20,400	1,736	2,459	6,820	8,590	10,200	20,400
	2022	2023	2024	2025	2026	2031	2022	2023	2024	2025	2026	2031	2022	2023	2024	2025	2026	2031
총계	5	11	19	26	33	41	5	11	18	21	22	23	-	-	1	5	11	18
Director	1	1	1	1	1	1	1	1	1	1	1	1	-	-	-	-	-	-
마케팅	2	3	7	11	14	17	2	3	6	8	9	9	-	-	1	3	5	8
헤드 오브 마케팅				1	1	1				1	1	1						
기어 마케팅 매니저	1	1	1	1	1	1	1	1	1	1	1	1						
어패럴 마케팅 매니저	1	1	1	1	1	1	1	1	1	1	1	1						
TM 마케팅 매니저			1	1	1	1			1	1	1	1						
마케팅 어시스턴트		1	2	3	5	7		1	1	1	2	2	-	-	1	2	3	5
마케팅 지원 컨텐츠 매니저			2	4	5	6			2	3	3	3	-	-	1	2	3	
세일즈	2	4	5	5	6	6	2	5	6	7	7	7	-	1	1	2	1	1
헤드 오브 세일즈			1	1	1	1			1	1	1	1						
클럽 세일즈 매니저	1	1	1	1	1	1	1	1	1	1	1	1						
어패럴 세일즈 매니저	1	1	1	1	1	1	1	1	1	1	1	1						
키 어카운트 매니저									1	1	1	1			1	1	1	1
어카운트 매니저 어시스턴트									1	1	1	1			1	1	1	1
TITU/프리 오운드																		
TM 세일즈 매니저			1	1	1	1			1	1	1	1						
트레이드 마케팅 매니저		1	1	1	2	2		1	1	1	1	1					1	1
오퍼레이션	-	3	6	9	12	17	-	2	5	5	5	6	-	1	1	4	7	11

연간 조직 구성 사례

CHAPTER 06

성과 평가하기

– 1 –

이커머스 지표와 KPI 이해하기

이커머스를 하는 회사를 보게 될 경우가 종종 있는데, 의외로 KPI를 제대로 정의하지 않고 진행하는 곳이 많아 놀랐던 기억이 있습니다. 이커머스라는 업무는 크게 운영을 중심으로 두고 회사 전체의 세일즈를 보조하는 역할 정도로 생각하는 곳은 별도의 KPI를 생각지도 않고 운영을 합니다. 하지만 이커머스는 정말 다양한 직군의 인재들이 모여 있기 때문에 객관화된 성과 지표가 반드시 필요합니다.

성과를 평가할 때 담당별로 정량적 평가가 가능한 요소와 주요 업무를 기준으로 평가 항목을 산정하고 가중치를 매깁니다(KPI). 그리고 창의적인 업무나 정량적 평가가 어려운 경우에도 횟수를 포함시키고 나머지는 역량 평가에서 구체적으로 평가하는 형태로 보완합니다(매트릭스).

그런데 이커머스 팀은 다양한 업무를 진행하기 때문에 정량적 평가가 어려운 부분이 있습니다. 그래서 이 절에는 이커머스에서 가장 중요하다고 생각하는 지표인 KPI핵심성과지표와 키 매트릭스를 정리해보았습니다.

		세부실행계획 및 평가산식	목표수준 Max	목표수준 Target	목표수준 Threshold	본인 실적 및 자기평가 결과
1.1	Sales conversion (%)	- 구매 전환을 유도하는 온사이트 마케팅을 통한 매출 상승 기여 - 사이트 방문자의 구매 전환율 평균 측정	0.24%	0.22%	0.20%	~9/30 평균 0.22% 1. A Promo 진행 (총 24,25주차 conversion rate 평균 **0.27%**) 2. B Sales 진행 (32,33주차 평균 conversion rate **0.24%**) 3. C 온라인 단독 판매 (33,34 주차 conversion rate 평균 **0.28%**)
1.2	Registered/subscribed customers	- 회원 전환을 유도하는 마케팅을 통하여, 캘러웨이 로열티 고객 및 뉴스레터 구독자 확보 - 연말 기준 회원 가입 수 측정(*Responsys opted-in로 측정)	35,000	32,000	27,000	1. A 전주문 무료배송 이벤트 진행 (6~7월 new subscriber수 총 3,420명) / 10/17 기준 responsys 구독자수 **34,066** 2. B Welcome email 템플릿 제작하여 7월말부터 monthly 업데이트 진행중
1.3	Sales Target	- 2022 TTL((Gear)) 연간 Target 매출 달성 여부 확인	1,514M	1,376M	1,239M	1. D Promo 진행 / 2주 진행 net sales 6천만원 달성 2. E Sales 진행/ 2주 진행 net sales 천사백만원 달성 3. F 단독 판매/5일만에 sold out/ net sales 약 2천5백만원
		• 세부실행계획 및 평가산식	목표수준 Max	목표수준 Target	목표수준 Threshold	본인 실적 및 자기평가 결과
2.1	New Project	- 디지털 에셋 제작 등 신규 프로모션 및 캠페인 1개 이상 진행 - 프로젝트 수행 회수 측정	2	1	0	
2.2	Marketing Promotion	-새로운 마케팅 프로모션을 통한 방문자 유입 확보 및 매출 증대 - 프로모션 진행 회수 측정(Gear)	8	6	4	1. G 세일 프로모션 (6월) 2. 신규 고객 무료배송 이벤트 6월, 7월 3. I 세일 프로모션 (8월) 4. J (7월 2째주부터 매주 화요일 진행중)
		세부실행계획 및 평가산식	목표수준 Max	목표수준 Target	목표수준 Threshold	본인 실적 및 자기평가 결과
3.1	Customer satisfaction activity	- 지속적인 재방문 율 및 맴버 증대를 위한 프로모션 제작 - 연간 제작 웹 페이지 수 측정	8	6	4	1. E 세일 프로모션 페이지 2. Q세일 프로모션 페이지 3. F 스페셜 페이지
3.2	Sales / Promotion plan	- 디지털 광고 캠페인 기획 및 광고 소재 제작 - 캠페인 진행 회수 측정(Gear)	8	6	4	1. E 세일 프로모션 페이지 2. Q세일 프로모션 페이지 3. F 스페셜 페이지
종합의견						

이커머스 성과 평가 예시

이커머스의 KPI와 매트릭스는 전반적인 비즈니스 성공을 측정하는 데 도움이 되는 중요한 분석 요소입니다. 먼저 여러분이 운영하는 이커머스 사이트에 대해, 다음의 질문에 충분히 대답할 수 있는지 확인해보세요.

- 얼마나 많은 고객을 확보하고 있나요?
- 고객이 얼마나 자주 돌아오나요?
- 사람들이 온라인 장바구니에 상품을 남기고 있나요?

정확히 모른다면, 다음 소개할 이커머스 대표 측정 항목을 확인한 후 이를 숙지하시면 좋겠습니다.

이커머스 대표 측정 항목 15가지

비즈니스마다 측정 항목의 우선순위가 다를 수 있지만, 제가 이커머스를 오랫동안 경험하면서 꼽은 이커머스 대표 측정 항목은 총 15가지입니다.

특히 이커머스 디렉터, 팀장, 세일즈 매니저, 마케팅 매니저라면 이 지표들을 항상 관리하고 숙지하시길 권장해 드립니다. 이를 바탕으로 다양한 이커머스 전략을 수립하는 데 많은 도움을 받을 수 있기 때문입니다.

구매 전환율

중요도에 따라 순위를 매기는 것은 아니지만 전환율은 주목해야 할 가장 중요한 지표 중 하나입니다. 데이터박스_{Databox}가 조사한 이커머스 마케팅 담당자 중 40%가 구매 전환율을 가장 중요한 이커머스 KPI로 꼽았습니다. 그리고 당연하게도 이커머스 팀장 및 디렉터는 구매 전환율을 보통 최우선 순위로 놓고 업무를 시작합니다.

전환율_{CVR, Conversion Rate}은 웹사이트에 접속한 총 사람 수 중에서 제품을 구매한 사람의 수로, 수식은 다음과 같습니다.

$$CVR = (구매 수 / 세션 수) \times 100$$

전환율을 보면 결제 프로세스로 인해 문제가 발생하는지 파악하는 데 도움이 됩니다. 예를 들어 25%의 사람들이 장바구니에 제품을 추가했고, 1~2%만이 전환하고 있다면 이는 복잡한 결제 프로세스 혹은 버그 때문일 수 있습니다. 저의 경우는 마지막 결제 단계(신용카드 페이먼트로 넘기는 과정)에서 오류가 생겨 상당 부분 이탈을 발견하고 수정한 사례가 있습니다.

전환율은 일정하게 유지되거나 적어도 시간이 지남에 따라 증가해야 합니다. 갑자기 혹은 지속적으로 떨어진다면 여러 가지 방법으로 이탈이 되는 문제를 찾아야 됩니다.

언바운스_{Unbounce, 캐나다에서 가장 빠르게 성장 중이며 12만 명의 고객을 보유한 랜딩 페이지 및 AI 카피라이팅 플랫폼 회사} 보고서에 따르면 평균 이커머스 전환율은 약 5.2%라고 하지만, 이것은 인더스트리 혹은 판매되는 상품 종류별 가격에 따라 달라집니다. 저의 경우 이전의 평균 구매가가 50만 원이 넘는 고관여 제품이었기 때문에 구매 전환율은 훨씬 더 낮았습니다.

평균 주문 금액

평균 주문 금액AOV, Average Order Value은 고객이 지출하는 평균 금액으로, 수식은 다음과 같습니다.

$$AOV = 총\ 수익\ /\ 총\ 주문\ 수$$

AOV는 수익을 측정하고 신규 고객을 위한 목표를 세우는 데 도움이 되는 중요한 지표입니다. 예를 들어 평균 주문 금액이 45,000원이고 해당 달에 10,000,000원의 매출을 올리고 싶다면, 최소 222명의 고객이 필요합니다.

이커머스를 담당하는 모든 직원은 우리 이커머스 사이트에 평균 주문금액이 얼마인지는 인지하고 있어야 합니다. 이는 이커머스 전략 수립에 가장 기본이 되는 데이터이기 때문이죠.

고객 평생 가치

고객 생애 가치CLV 또는 CLTV, Customer Life Time Value는 고객으로부터 평생 동안 −또는 적어도 비즈니스와의 관계가 지속되는 동안− 기대할 수 있는 총 수익을 의미합니다. 이 수치는 당연하게도 인더스트리와 제품에 따라 달라집니다.

CLV의 수식은 다음과 같습니다.

$$CLV = AOV \times 연평균\ 고객\ 구매\ 횟수 \times 평균\ 고객\ 관계\ 유지\ 기간$$

예를 들어 한 모자 가게의 고객이 1년에 구매하는 고객이 1년에 구매하는 모자 수가 평균 15개이고, 이 고객이 10년 동안 이용할 것으로 기대한다고 가정해보겠습니다. 그렇다면 20,000 × 15 × 10을 계산한 결과인 3,000,000원이 이 고객의 CLV가 됩니다.

고객 한 명이 우리 서비스에 안겨줄 수익을 생각해본다는 것은, 여러 가지 비즈니스 아이디어를 줍니다. 먼저 이 비용은 내가 그 전에 사용할 마케팅 비용에 가장 유리한 데이터를 제공해줍니다. 또한 어떤 제품이 수익성에 가장 가치 있는지(즉, 어떤 프리미엄 가격대의 제품이 인기가 있는지), 그리고 더 많은 사람들이 해당 제품을 구매하도록 전략을 재조정할 수 있는 방법을 정확히 찾아내는 데 도움이 될 수 있습니다.

고객 확보 비용

고객 확보 비용CAC, Customer Acquisition Cost은 신규 고객을 확보하는 데 드는 평균 비용으로, 수식은 다음과 같습니다.

$$CAC = 마케팅\ 비용\ /\ 신규\ 고객\ 수$$

예를 들어 월간 캠페인에 1,000,000원을 지출하고 100명의 신규 고객을 유치했다면 CAC는 고객당 10,000원이 됩니다.

이 지표를 정기적으로 확인하여 CLV를 초과하지 않거나 목표와 가까워지게 하는 것이 가장 중요합니다. 예를 들어 CLV가 1,000,000원이고 한 명의 신규 고객을 유치하기 위해 2,000,000원을 지출한다면 CAC는 이익의 심각한 문제가 발생합니다. 누가 그런 이상한 짓을 하냐고 생각하실지 모르지만, 실제 현업에서 자주 일어나는 일입니다. 이커머스 비즈니스가 단순히 신규 고객만을 측정하기 위해 비용을 지출하지 않기 때문인데요. 브랜딩이나 매출 성장에만 집중한다면 신규 고객은 염두에 두지 않을 수도 있습니다.

장바구니 이탈률

전환율이 아무리 높거나 제품에 대한 인기가 아무리 높아도 구매를 완료하지 않는 고객이 상당수입니다. 이러한 고객의 행위를 분석하는 지표가 장바구니 이탈률입니다.

개인적으로 장바구니 이탈률을 매우 신경을 많이 썼습니다. 왜냐하면 구매 의사를 보여준 가장 눈에 띄는 행위를 했음에도, 결국 구매를 하지 않았다는 것은 어쩌면 회사 측면에서 여러 가지 문제가 있음을 보여주는 부정적 신호라고 생각했기 때문입니다.

다음은 장바구니 이탈률의 수식입니다.

$$장바구니 \, 이탈률 = (완료된 \, 구매 \, 수 \, / \, 생성된 \, 장바구니 \, 수) \times 100$$

평균 비율은 이커머스 사이트를 접속하는 장치 유형에 따라 다르지만 실제로는 69.75%에서 85.65% 사이입니다. 생각보다 높죠? 하지만 장바구니 이탈률이 높다고 해서 너무 걱정은 안하셔도 됩니다. 이 문제를 분석하고 개선할 수 있는 툴이 많이 있고, 표면적인 데이터를 통해서도 많은 문제를 파악할 수 있습니다.

재방문 고객 비율

재방문 고객 비율Retention rate이라고도 하는 재방문 고객 비율은 매장에서 두 번 이상 구매한 고객 수입니다.

평균 이커머스 상점의 재방문 고객 비율은 20%~30%입니다.[1] 데이터를 참조하여 재방문을 위한 리소스를 투자해야 합니다. 아래의 내용은 과거 고객이 다시 돌아오도록 리타겟팅 광고를 시도할 수 있음을 의미합니다. 신규 고객을 유치하는 데 드는 비용은 재방문 고객을 확보하는 데 드는 비용의 5배나 더 듭니다.[2] 그러므로 최초 고객을 찾는 것만큼 고객을 (비유적으로) 다시 방문하도록 노력하고 있는지 확인해야 합니다.

$$재방문 \, 고객 \, 비율 = (재방문 \, 고객 \, 수 \, / \, 총 \, 고객 \, 수) \times 100$$

---

1   데이터 참조: geckoboard.com
2   데이터 참조: invespcro.com

반복 구매를 한다는 것은 분명히 좋은 신호입니다. 따라서 재방문 고객 비율을 높이는 데 어려움을 겪고 있다면 전반적인 고객 경험을 살펴보고 개선할 수 있는 부분이 있는지 확인하는 것이 좋습니다.

이탈률

이탈률Bounce Rate은 이커머스 사이트뿐만 아니라 모든 종류의 웹사이트를 운영하는 사람이라면 누구나 주의를 기울여야 하는 지표입니다. 이탈률은 웹사이트에 방문했다가 다른 페이지 클릭, 양식 작성, 제품 확인 등의 어떤 조치도 취하지 않고 다시 떠난 사람의 수를 나타냅니다.

만약 구글 애널리틱스를 이용해 고객 데이터를 모으고 있다면 **잠재고객 → 개요**에서 이탈률을 확인할 수 있습니다. 이커머스 웹사이트의 평균 이탈률은 20%~45%이므로[3] 해당 기준에 맞춰 유지하도록 노력해야 합니다.

이탈률을 줄이려면 탐색하기 쉬운 웹사이트와 매력적인 디자인을 갖추고 있는지 확인해볼 필요도 있습니다. 또한 고객들이 사이트에 방문하는 즉시 그들이 원하는 제품을 알 수 있도록 해야 합니다.

순 추천 고객 점수

순 추천 고객 지수NPS, Net Promoter Score는 전반적인 고객 충성도와 고객 만족도를 측정하는 지표입니다. 결제 시 고객에게 우리 서비스의 추천 정도를 물어보는 간단한 질문을 통해 이 항목을 측정할 수 있습니다.

NPS 설문 예시
우리 서비스를 친구나 가족에게 추천하시겠나요?
추천 정도를 점수로 매긴다면 얼마나 되는지 골라주세요. (매우 낮음: 1점 - 매우 높음: 10점)
[0] [1] [2] [3] [4] [5] [6] [7] [8] [9] [10]

---

3   데이터 참조: customedialabs.com/blog/bounce-rates/

설문에 대한 응답에 따라 고객군을 세 가지 범주로 분류할 수 있습니다.

- **추천 고객(Promoters)**: 9~10점의 평점을 준 고객
- **중립 고객(Passives)**: 7~8점의 평점을 준 고객
- **비추천 고객(Detractors)**: 6점 이하의 평점을 준 고객

당연히 점수가 높을수록 좋습니다. 그런 다음 순 추천인 점수를 찾으려면 다음 공식을 사용하세요.

$$NPS = 추천 고객 비율(\%) - 비추천 고객 비율(\%)$$

예를 들어 추천 고객 비율은 80%, 중립 고객 비율은 15%, 비추천 고객 비율은 5%라면 순 추천 고객 점수는 80-5로 계산하여 75점이 됩니다.

순 추천 고객의 범위는 -100에서 100까지이며, 추천인보다 비방하는 사람이 더 많은 경우에는 음수가 발생합니다. 참고로 Inc.com에 따르면 0점 이상이면 '좋음', 50점 이상이면 '우수', 75점 이상이면 '세계적 수준'이라고 합니다.[4] NPS가 약 20 정도로 나오더라도 너무 낮은 점수는 아닐까 걱정하지 않으셔도 됩니다.

클릭률

클릭률CTR, Click-Through Rate은 누군가가 이메일 캠페인, 광고, 소셜 미디어 게시물의 클릭을 통해 웹사이트에 도달하는 비율입니다. 클릭률의 수식은 다음과 같습니다.

$$CTR = (클릭수 / 조회수/노출수) \times 100$$

구글 광고를 집행했을 경우, 이커머스 업계에서는 검색 광고의 CTR은

---

4 데이터 참조: inc.com/dana-severson/whats-a-good-net-promoter-score-hint-its-not-what-you-might-expect.html

1.66%, 디스플레이 광고의 CTR은 0.45% 정도로 나옵니다.[5] 그러나 이메일 캠페인의 경우 CTR은 2.01%에 가깝습니다(또한 이커머스 업계에서 평균 이메일 오픈율은 약 15.68%입니다).[6]

전체적으로 클릭률은 상당히 낮은 수치일 가능성이 높습니다. CTR이 2% 이상이라면 꽤 잘 하고 있는 것이죠!

유입 채널

트래픽 소스별 보고서는 웹사이트를 방문한 방문자 수와 이들이 어떻게 액세스했는지를 보여줍니다.

가장 일반적인 트래픽 소스는 다음과 같습니다.

- **검색**: 검색 결과를 클릭한 후 우리 웹사이트를 방문한 웹사이트 방문자
- **직접**: URL 표시줄에 직접 입력하여 우리 웹사이트를 방문한 웹사이트 방문자
- **소셜**: 소셜 미디어 플랫폼을 클릭한 후 우리 웹사이트를 방문한 웹사이트 방문자
- **이메일**: 이메일 뉴스레터를 클릭한 후 우리 웹사이트를 방문한 웹사이트 방문자

이러한 통계를 보면 우리 비즈니스에 가장 인기 있는 마케팅 채널과 개선이 필요한 마케팅 채널을 판단하는 데 도움이 됩니다. 예를 들어 SEO 전략을 강화하거나 이메일 목록을 구축하여 이메일 방문을 늘릴 수 있습니다.

유입 기기

우리 사이트로 유입한 사용자들이 사용한 기기는 일반적으로 모바일, 데스크톱 또는 태블릿으로 표시됩니다.

모바일로 웹사이트에 접속한 사람이 많다면 웹사이트가 모바일에 얼마나 최적화되어 있는지 궁금할 겁니다. 모바일 사이트에 쉽게 접근할 수 있으면 전

5　데이터 참조: wordstream.com/click-through-rate
6　데이터 참조: mailchimp.com/resources/email-marketing-benchmarks/

체 매출이 상승하는 것은 이제 당연한 공식입니다.

접속 위치 확인

이는 구글 애널리틱스_{Google Analytics, GA} 등을 통해 간단히 확인할 수 있으며, 방문자가 우리가 준비한 프로모션 페이지에 예상대로 접근하고 있는지, 랜딩 페이지별 효과는 있는지 파악할 수 있습니다.

예상한 경로와는 전혀 다른 곳에서 유입이 많이 발생하는 상황이 생각보다자주 있습니다. 이를테면 랜딩 페이지를 통한 유입이 많을 것이라 생각했는데, 오히려 메인 페이지로 유입되어 구매 전환이 발생하곤 하죠. 그러므로 접속 위치는 항상 확인하는 것이 좋습니다.

인기 제품

이 지표를 통해 어떤 제품이 가장 인기 있는지 알 수 있으므로 미리 계획을세우고 재고를 준비하거나 더 많은 제품을 만들 수 있습니다.

참고로 GA는 판매되는 품목에 대한 정말 좋은 데이터를 제공합니다. 무엇을 더 많이 생산해야 하는지 파악하고 수요를 지원하기 위해 유지해야 하는 재고 임계값을 설정하는 데 도움이 됩니다.

재고 현황

월말마다 제품 이형별 재고 수량_{크기, 색상 등의 옵션이 제각각 다른 제품을 이형 제품이라 부름}을 보여주는지표로, 세일즈 매니저라면 이를 항상 숙지해야 합니다. 또한 이 지표는 세일즈 포어캐스트의 재고 현황이 가장 중요한 판단지표가 됩니다. 이번 달에 예측된 물량이 모두 판매되었는지, 이에 따라 다음 달 제품 수급은 어느 정도로 조정해야 하는지를 매달, 매주, 혹은 매일 검토하여 세일즈 매니저가 업데이트를 합니다.

일평균 재고량

재고 현황과 마찬가지로 일평균 판매 데이터를 통해 다음날 혹은 다음 주의 판매 예측을 할 수 있습니다. 비즈니스 규모 혹은 제품 성격에 따라 일평균 재고량을 파악하지 않는 업체들을 많이 봤습니다만, 이는 시스템을 통한 자동화로 매일 비즈니스 리포트를 이메일 혹은 SMS로 받는 것이 필요합니다.

- CHAPTER 07 -

이커머스로
성과내기

— 1 —

잘 팔리는 제품 만들기

라이언 대니얼 모런이 쓴 『12 Months to $1 Million』[1]을 보면 이커머스를 잘 하는 방법을 다음과 같이 언급합니다.

'팔릴만한 것을 고른다, 고른 것을 판매한다.'

거기에 하나를 더하면, '관심을 가질 사람한테 잘 알린다'를 더하면 이커머스 성과를 내는 방법의 전부겠네요. 여기서 가장 중요한 관심을 가질 사람에게 알리고 유입시켜야 합니다.

『마케팅 설계자』를 쓴 러셀 브런슨의 멘토, 마크 조이너Mark Joyner는 이렇게 말했습니다.

"클릭이라고 다 같은 클릭이 아니다."

자사몰을 하는 중요한 이유 중 하나는 입체적인 퍼널 설계가 가능하다는 것입니다. 하지만 고객이 우리의 퍼널Funnel, 고객이 유입되고 전환에 이르기까지 주요 여정을 단계별로 나눈 것에 들어오려면 우리 제품에 관심이 있다는 유의미한 클릭이 반드시 선행되어야 합니다. 따라서 앞서 언급한 마크 조이너의 말은 우리 제품에 관심 없는 사람과 있는 사람의 유입의 차이는 크다고 해석할 수 있겠습니다.

---

[1]   Ryan Daniel Moran and Russell Brunson, 12 Months to $1 Million (Dallas: BenBella Books, 2020)

하지만 성과에 대한 기준은 비즈니스 모델에 따라 또는 회사 유형에 따라 달라집니다. 이 책은 국내 소기업에서 중간 규모 이상의 기업 대상으로 하고 있고, 일반 개인 판매자와 다른 것은 '판매할 제품'에 대한 고민이 어느 정도 해결된 상태에서의 비즈니스 모델을 중심으로 이야기하고 있습니다. 제조 과정에서부터 마케팅 영역에서 관여할 수 있는 마케팅 기반의 온라인 이커머스 비즈니스 모델은 적용하는 데 어려움이 있기에, 다른 관점에서 접근해야 합니다.

개인 판매자와 다르게 제품 제조에 대한 스트레스가 적더라도, 고민을 하지 않아도 되는 것은 아닙니다. 온라인, 우리 타겟 고객에게 적합한 제품이 필요할 수도 있고, 가격 충돌을 줄여줄 기존 제품에서 파생된(컬러가 다른다든지) 온라인 전용 모델의 개발도 필요합니다. 그래서 세일즈 담당자는 이 판매가 효율적으로 일어날 제품을 선정하고, 개발을 추진할 수 있어야 합니다.

판매가 잘되는 제품을 고르는 팁

- **타 어카운트와 가격 충돌이 없는 제품**: 기본적으로 경쟁력 있는 가격을 제시할 수 있는 제품이 온라인에서 잘 팔립니다.
- **외부몰 MD의 요청 제품**: MD가 요청하는 제품은 판매량이 높을 가능성이 있습니다.
- **한정판 제품**: 한정판 제품은 소비자의 구매 욕구를 자극할 수 있습니다.
- **입소문이 났거나 바르게 날 수 있는 제품**: 입소문이 난 제품은 이미 시장에서 검증된 제품이므로 판매량이 높을 가능성이 있습니다.
- **일상 생활에 필요한 제품**: 음식, 청결제, 기본 의류 등의 생활 필수품은 항상 판매량이 높습니다.
- **제품의 품질**: 고품질의 제품은 소비자의 충성도를 높이며 재구매율을 증가시킬 수 있습니다.

(다음 페이지에 계속)

- **시즌에 따른 제품**: 시즌별 요구사항에 따라 제품을 판매하는 것은 매우 효과적일 수 있습니다.
- **독특한 제품**: 독특하고 차별화된 제품은 시장에서 두드러지며 소비자의 호기심을 자극하여 판매를 촉진할 수 있습니다.
- **트렌드를 반영하는 제품**: 트렌드에 민감하게 반응하는 제품은 소비자의 관심을 끌어 판매량을 증가시킬 수 있습니다.
- **가격 대비 가치가 높은 제품**: 저렴한 가격에 높은 가치를 제공하는 제품은 소비자들 사이에서 큰 인기를 얻을 수 있습니다.

– 2 –

고객 설득하기

개인 창업자들을 대상으로 하는 강사들은 제품 상세 페이지의 중요성에 대해 항상 강조합니다. 상세 페이지가 오프라인의 판매사원의 역할을 하기 때문입니다.

오프라인 판매의 경우 '프로모터'라고 불리는 판매사원들이 본인의 매장이나 혹은 입점된 샵에서 제품을 설명하고 세일즈를 유도합니다. 아직도 의류 매장에서는 샵마스터라 불리는 영업사원의 역량이 매우 중요하며, 저관여 제품 중심으로 있는 마트의 판매사원들 역시, 매출에 차지하는 비중이 큽니다. 그렇기 때문에 회사에서 이커머스를 성장시키기 위해서는 전체 예산의 비중을 상세 페이지 제작에 투입할 필요가 있습니다. 프로모터는 매달 월급이 나가지만 온라인의 경우 상세 페이지 한번 잘만들어 놓으면 제품이 품절 혹은 단종될 때까지 사용할 수 있습니다. 투자 대비 효율이 높은 영역이며, 이는 회사 및 제품의 브랜딩에도 매우 중요한 역할을 하기 때문에, 회사 내부의 제품 담당자 및 마케팅 담당자와 많은 논의를 해서 상세 페이지를 완성해야 합니다.

외국계 회사는 본사의 상세 페이지와 제품 정보를 그대로 사용하는 경우가 많습니다. 이러한 경우에는 로컬라이징된 문구나 카피의 검토가 필요합니다.

매력적이거나 자극적이거나

제품이 매력적이게 보이게 하려면 제품 상세 페이지를 잘 만들어야 합니다. 상세 페이지를 잘 만드는 방법은 여러 가지 방법이 있지만, 그중에서도 잘된 사례를 벤치마킹 하는 것이 효과적입니다.

상세 페이지의 중요성은 아무리 강조해도 지나치지 않습니다. 가능하다면 외주 비용에도 투자하길 권장해 드립니다. 패션 등의 시즌별 제품 교체가 많은 이유로 자주 바꿔야 한다거나 해당 카테고리에 대한 높은 이해도가 필요해서 상세하게 요청하기 어려운 경우도 있습니다. 이런 경우를 제외하고는 대부분 소비자의 구매 심리를 자극하는 상세 페이지는 어렵지 않게 디자인할 수 있습니다.

상세 페이지를 만든 다음에는 제품을 조금 더 매력적으로 보여줄 마케팅을 진행하거나 소비자의 심리를 자극하는 카피 혹은 이미지 등으로 후킹Hooking을 할 수도 있습니다. 이러한 경우에는 별도의 프로모션을 기획하고, 특정 제품은 별도의 랜딩 페이지를 디자인하여 소비자 구매를 유도합니다.

이때 매력 있는 카피, 키비주얼, 심리적 동인을 유도하는 마케팅 스킬을 사용하여 각 페이지를 구성하면 좋습니다. 또한 가장 효과적으로 고객을 끌어모으는 방법을 찾기 위해 A/B 테스트어떤 서비스나 도구에 관련해 두 가지 이상의 버전을 만든 다음, 비교하면서 최적안을 찾는 방법를 진행할 수도 있습니다.

─ 3 ─

팔리는 상세 페이지의 비밀

상세 페이지 제작하는 방법만 별도로 판매하는 분이 계실 정도로 상세 페이지 제작은 어렵습니다. 대부분 PDP_{Product Detail Page}라고 불리는 상세 페이지를 온라인 브로슈어 형태 그대로 사용하는 기업들이 많습니다. 이런 기업들이 작은 소기업이나 벤처 회사보다 판매를 잘하지 못하는 비밀 역시 이 잘못된 상세 페이지에 있습니다. 이커머스 업체들은 다양한 경험을 통해 그들만의 상세 페이지를 쌓는 노하우를 가지고 있습니다.

상세 페이지 기획

시작 - 키 카피와 비주얼

처음 보여지는 페이지에서 이탈이 76%가 일어납니다. 이 페이지에서 고객들을 잡아두지 못하면 하단에 이미지를 아무리 잘 만들어도 의미가 적어집니다. 반대로 첫 페이지에서 고객들이 스크롤을 내려보게끔 잘 유도한다면 우리의 목적을 달성한 거나 다름없습니다.

이탈하느냐 머무느냐, 순간의 판단을 좌우하는 첫 카피와 비주얼. 어떤 것을 사용해야 할까요? 사실 규모가 큰 기업일수록 이 부분에 대한 고민을 덜하게 됩니다. 그래서 대부분 마케팅 애셋 중에 가장 많이 사용하는 대표 이미지를 사용할 확률이 높습니다. 하지만 성공적인 세일즈를 위해서는 이커머스에 맞게 카피와 비주얼에 변화를 주는 것이 필요합니다. 어떠한 변화가 필요한지는 다음에 소개하는 방법들을 참고해보시기 바랍니다.

기존 상품의 문제점 제시 + 공감대 형성

가장 직관적이고 빠르며, 이해가 쉽고 고객들이 고개가 끄덕여지도록 만드는 방법은 기존 제품의 문제점을 제시하는 것입니다. TV 쇼핑을 보고 계시면 유난히 비교 시연을 많이 하는 것을 볼 수 있는데 기존 제품의 문제점을 제시하면 공감을 받기 매우 쉬워집니다. 단, 경쟁사 제품과 비교하면 문제가 될 수 있으니 자사의 기존 제품과 비교하는 것이 좋습니다.

> **사례** **스마트폰 충전기 케이블**
>
> **문제점 제시**
> * **기존 제품의 단점 강조**: 일반적인 스마트폰 충전 케이블은 사용 중 쉽게 손상되고, 휴대성이 떨어지며, 충전 속도가 느립니다. 특히 케이블의 내구성 문제로 인해 사용자들이 자주 교체해야 하는 불편함이 있습니다.
>
> **공감대 형성 방법**
> * **고객 경험 언급**: 우리 모두 한 번쯤은 충전 케이블이 갑자기 작동하지 않아 중요한 순간에 스마트폰을 사용하지 못한 경험이 있습니다. 또한 매번 새 케이블을 구매하는 것은 비용과 시간의 낭비가 발생합니다.
>
> **해결책 제시**
> * **새로운 제품의 장점 강조**: 새로운 충전 케이블은 특별히 강화된 소재로 제작되어 내구성이 향상되었습니다. 또한 컴팩트한 디자인과 빠른 충전 기능으로 일상 생활에서의 편의성을 제공합니다.

우리 제품의 문제 해결 방안 + 차별점 제시

상세 페이지는 단순히 제품에 대한 정보를 전달하는 것 이상으로, 고객의 문제를 해결해주는 제품의 가치와 그 제품이 타 경쟁 제품들과 어떤 점에서 다른지를 명확히 보여주어야 합니다. 이를 위해 제품의 핵심 기능과 특징을 강조하고, 고객의 문제를 해결해 줄 수 있는 구체적인 방법을 시각적으로 표현하는 것이 좋습니다.

예를 들어 고객이 '왜 이 제품을 선택해야 하는지', '이 제품을 사용함으로써 얻을 수 있는 이점은 무엇인지'를 이해할 수 있도록 정보를 제공하는 것이 중요합니다.

사례   **스마트홈 보안 카메라**

문제 해결 방안 제시

- **기존 문제 인식**: 많은 고객들이 집 안의 보안을 걱정하지만, 전통적인 보안 시스템은 설치가 복잡하고 비용이 많이 듭니다.
- **해결 방안 설명**: 저희의 스마트홈 보안 카메라는 사용자 친화적인 설치 과정과 합리적인 가격으로 이러한 문제를 해결합니다. 무선 연결과 간단한 앱 제어로 누구나 쉽게 설정할 수 있습니다.

차별점 제시

- **경쟁 제품과의 비교**: 다른 보안 카메라와 달리, 저희 제품은 인공지능을 활용하여 정확한 움직임 감지와 실시간 알림 기능을 제공합니다. 이는 고객에게 더욱 향상된 보안 경험을 보장합니다.
- **고유 기능 강조**: 또한 저희 카메라는 야간 시야 기능, 날씨 저항성, 그리고 양방향 오디오를 포함하여 고객의 생활에 필수적인 여러 특징들을 제공합니다.

구체적인 정보 제공, 구매확신 부여

제품의 특성, 기능, 사양, 가격 등 필요한 정보를 제공하여 구매를 결정하는 데 필요한 충분한 자료를 제공해야 합니다. 구매자가 원하는 정보를 쉽게 찾을 수 있도록 상세 페이지를 직관적이고 깔끔하게 구성하는 것이 중요합니다.

또한 구매 확신을 부여하기 위해 고객 후기, 사용자 평가, 전문가 의견 등을 추가하여 제품에 대한 긍정적인 인식을 높일 수 있습니다. 제품과 관련된 실제 사례나 성공 사례를 공유하는 것도 고객의 구매 확신을 높일 수 있는 좋은 방법입니다.

고성능 블렌더

구체적 정보 제공
- **제품 사양 상세 설명**: 블렌더의 모터 성능, 용량, 재질, 사용 가능한 기능(예: 얼음 분쇄, 스무디 제작 등), 에너지 효율성 등의 정보를 상세하게 제공합니다.
- **가격 정보와 구매 옵션**: 제품 가격, 할인 정보, 보증 기간, 구매 가능한 부속품 등을 명확하게 안내합니다.

구매 확신 부여
- **고객 후기 및 평가 포함**: 실제 사용자들의 긍정적인 후기와 평점을 페이지 상단에 배치하여 신뢰성을 높입니다.
- **전문가 의견 및 추천**: 음식 전문가나 유명 셰프의 추천 의견을 포함하여 제품의 전문성과 신뢰성을 강화합니다.

실제 사용 사례 공유
- **성공 사례 또는 사용 예시**: 블렌더를 사용하여 다양한 종류의 음식을 만드는 사례, 효율적인 주방 작업을 가능하게 하는 사례 등을 시각적으로 표현합니다. 이는 고객이 제품 사용의 실제적인 이점을 보고 이해할 수 있도록 돕습니다.

그 외 부가 정보 제공

제품의 보증 기간, 배송 및 반환 정책, 고객 서비스 정보 등의 부가 정보도 제공해야 합니다. 이 정보들은 고객이 신뢰하고 구매를 결정하는 데 도움이 됩니다. 또한 제품에 대한 FAQ 섹션을 추가하여 고객이 가질 수 있는 질문에 미리 대답하는 것도 도움이 됩니다. 이는 고객 서비스 팀의 부하를 줄이고, 고객이 필요한 정보를 빠르게 찾을 수 있게 돕습니다.

많은 분들이 배송 정보, 명절 안내 등을 최상단에 위치시키는 경우가 많은데 이런 부가 정보는 최하단에 위치시키는 것이 좋습니다. 그 이유는 첫 페이지에서 고객을 잡지 못하면 70%가 이탈을 하기 때문입니다. 고객의 입장에서 생각해보시면 쉽게 이해가 됩니다. 고객이 원하는 정보는 무엇일까요? 그들의 질문에 답하는 콘텐츠를 제공하고, 제품이 그들의 문제를 어떻게 해결할 수 있는지 보여주는 것이 필요합니다.

멀티미디어 요소를 활용하세요. 사진, 비디오, 인포그래픽 등을 이용하여 제품을 더 효과적으로 보여줄 수 있습니다. 그리고 콜 투 액션Call to Action을 명확히 해주세요. 고객이 어떤 행동을 취해야 하는지(예: "지금 구매하시면 20% 할인!") 명확하게 알려주어야 합니다.

추가 고려사항

- **고객 중심의 접근법**: 상세 페이지를 작성할 때, 가장 중요한 것은 고객 중심의 접근법입니다. 구매자의 관점에서 생각하며 그들이 원하는 정보는 무엇이며, 어떤 점이 구매 결정에 영향을 미치는지를 고려해야 합니다.

- **제품 스토리텔링**: 단순히 제품의 특징과 성능만 나열하는 것이 아니라, 제품의 이야기를 풀어나가는 스토리텔링 방식을 사용하면 고객의 감정적인 연결을 유발할 수 있습니다. 이는 구매 결정에 중요한 요소가 될 수 있습니다.

- **품질 높은 이미지와 동영상 활용**: 고객이 제품을 보고, 만지고, 시도할 수 없는 온라인 쇼핑에서는 시각적인 정보가 매우 중요합니다. 따라서 고품질의 이미지와 동영상을 활용하여 제품을 최대한 실제와 가깝게 보여주는 것이 중요합니다.

- **명확한 가격 및 구매 정보 제공**: 제품의 가격, 배송비, 예상 배송 시간, 재고 상태 등의 구매에 필요한 정보는 명확하게 표시되어야 합니다. 이 정보는 고객이 구매 결정을 내리는 데 필수적인 요소입니다.

- **소셜 프루프 활용**: 고객 후기, 평점, 사용 사례 등을 보여주는 것은 신뢰성을 높이고, 고객이 제품에 대한 신뢰를 가지도록 돕습니다.

- **쉬운 구매 과정**: '장바구니에 추가' 또는 '지금 구매하기'와 같은 명확한 콜 투 액션 버튼을 제공하여 구매 과정을 간단하고 명확하게 만드는 것이 중요합니다.

- **SEO 최적화**: 상세 페이지의 내용은 SEO를 고려하여 작성되어야 합니다. 제품에

대한 중요한 키워드를 포함하고, 페이지 제목, 메타 태그, 이미지 대체 텍스트(Alt 텍스트) 등 SEO 요소를 최적화하여 검색 엔진에서 상위 랭크를 얻을 수 있도록 해야 합니다.

상세 페이지는 제품에 대한 설명뿐만 아니라 고객이 제품을 구매하려는 의사결정을 하도록 유도하는 중요한 도구가 될 수 있습니다.

와디즈 참고하기

상세 페이지는 와디즈(www.wadiz.kr) 사이트를 참고하시면 도움을 받을 수 있습니다. 물론 이런 상세 페이지는 럭셔리 브랜드, 고관여 제품, 브랜딩에 아주 민감한 브랜드들은 직접 적용하기 애매하다고 볼 수 있지만, 제가 적어드린 노출 순서를 기억하신 후 디지털 애셋을 반영하시면 구매 전환율이 높아지는 경험을 할 수 있습니다.

– 4 –

구매 전환율 이해하기

이커머스에서 구매 전환율conversion rate은 웹사이트에 방문한 사용자 중 실제로 구매를 완료한 사용자의 비율을 나타냅니다. 일반적으로 이커머스에서의 평균 구매 전환율은 약 0.2%로, 이는 1,000명의 방문자 중 2명이 구매를 한다는 의미입니다.

만약 5만 원의 제품을 매일 200명에게 팔아 일일 매출 1,000만 원을 목표로 한다면, 구매 전환율이 0.2%라면 일 10만 명의 방문자를 유입시켜야 합니다.

그러나 만약 구매 전환율을 개선하여 0.2%에서 1%로 끌어올린다면, 같은 매출을 달성하기 위해 필요한 방문자 수는 2만 명으로 줄어듭니다. 이는 광고 비용을 1/5로 줄일 수 있는 효율적인 전략이 될 수 있습니다.

이처럼 구매 전환율을 끌어올리는 것은 이커머스 전략의 핵심 요소입니다. 이는 개인 판매, 구매 대행, 위탁 판매 모두에게 공통적으로 적용되는 원칙입니다.

구매 전환율의 중요 요소

구매 전환율을 1%로 높이기 위해 고려해야 할 중요 요소는 다음과 같습니다.

- **타겟 고객 유입**: 구매할 가능성이 높은 타겟 고객을 사이트로 유입시키는 것이 중요합니다. 이를 위해 마케팅 담당자는 타겟 고객을 잘 이해하고 그들의 관심사와 행동 패턴을 기반으로 광고 캠페인을 설계해야 합니다.
- **퍼널 이탈률 감소**: 구매 과정에서 고객이 이탈하는 비율, 즉 퍼널 이탈률을 줄이는 것은 전환율을 높이는 데 중요한 요소입니다. 이를 위해서는 사이트의 사용자 경험을 개선하고, 구매 과정을 간소화하는 등의 방법이 있습니다.
- **PDP 체류율 증가**: PDP_{Product Detail Page}에서 체류 시간을 늘리고 '구매하기' 혹은 '장바구니에 담기' 버튼 클릭으로 유도하는 것이 매출 증가에 효과적입니다.
- **카트 이탈 고객 마케팅**: 장바구니에 제품을 담았지만 결제를 망설이는 고객에게 특별한 마케팅 메시지나 프로모션을 제공하는 것도 전환율 향상에 도움이 될 수 있습니다.

이러한 전략을 통해 구매 전환율을 높이면, 적은 마케팅 비용으로 더 많은 매출을 달성할 수 있습니다.

추가 고려사항

- **구매 결정을 유도하는 리뷰 및 사례 공유**: 소비자들은 대부분 제품 구매 전, 다른 소비자들의 경험과 평가를 참고합니다. 사이트 내에 실제 구매자들의 만족도를 보여주는 리뷰나, 제품을 사용한 사례를 공유하는 콘텐츠를 제공함으로써 신뢰도를 높이고, 구매 결정을 유도하는 데 도움이 됩니다.
- **사이트 내비게이션의 효율성 개선**: 사용자가 사이트 내에서 쉽게 원하는 제품을 찾고, 구매 과정을 빠르게 진행할 수 있도록 사이트의 내비게이션을 직관적이고 효율적으로 설계하는 것도 중요합니다.
- **추천 시스템 활용**: AI 기반의 추천 시스템을 활용하여, 고객의 이전 구매 내역이나 검색 행동 등을 분석하여 개인화된 제품을 추천함으로써, 구매 전환율을 높일 수 있습니다.
- **콘텐츠 마케팅 활용**: 제품에 대한 설명뿐만 아니라, 제품을 활용한 라이프스타일 등을 소비자에게 제안하는 콘텐츠 마케팅은 고객의 구매 욕구를 높이는 데 큰 효과가 있습니다. 블로그, SNS 등 다양한 플랫폼을 활용하여 이러한 콘텐츠를 전달할 수 있습니다.

- **사후관리 및 고객 서비스 강화**: 구매 후의 고객 관리가 잘되면 고객의 재구매율과 충성도를 높일 수 있습니다. 제품 문제에 대한 즉각적인 해결, 고객 문의에 대한 빠른 응답 등이 중요합니다.

구매 전환율 상승 사례

ASOS

영국의 온라인 패션 및 화장품 리테일러인 ASOS는 이커머스 성과 개선을 위한 전략적 접근 방식의 훌륭한 사례를 보여줍니다. ASOS의 경우 특정 시기에 적용한 웹사이트 개선 사항들이 구매 전환율에 어떤 영향을 미쳤는지에 대해 정확한 데이터를 공개한 바 있습니다.

2017년, ASOS는 모바일 환경에서의 사용자 경험을 개선하기 위해 주력하였고, 이를 통해 모바일 플랫폼의 구매 전환율이 2%에서 2.5%로 증가하였습니다. 이 증가는 주로 사용자 친화적인 웹사이트 디자인과 제품 이미지의 확대/회전 기능 도입에 기인한 것으로 분석되었습니다.

또한 ASOS는 상품 검색 기능을 개선하여 소비자들이 원하는 제품을 더 쉽게 찾을 수 있도록 하였습니다. 이를 위해 '비주얼 검색' 기능을 도입하였고, 이 기능 도입 후 검색을 통한 구매 전환율이 1% 증가하였습니다.

마지막으로 ASOS는 장바구니에 제품을 추가했지만 3일 이상 구매를 완료하지 않은 고객들에게 특별한 마케팅 메시지를 보내는 전략을 실행하였습니다. 이러한 리타겟팅 전략을 통해 ASOS는 이 그룹의 구매 전환율을 2.5%에서 3.5%로 상승시켰습니다.

아마존

아마존은 이커머스 성과 개선에 있어 세계 최고의 기업 중 하나입니다. 몇 가지 사례를 살펴봅시다.

- **개인화된 추천 기능**: 아마존은 개인화된 추천 기능을 도입하여 사용자 경험을 향상시키고 전환율을 증가시키는 데 큰 성공을 거뒀습니다. 이 기능은 고객이 사이트를 이용할 때 이전에 검색하거나 구매한 상품에 기반하여 추천 상품을 보여줍니다. 이러한 개인화 추천 시스템의 도입으로 아마존의 구매 전환율은 평균 2%에서 2.5%로 상승하였습니다.

- **원클릭 주문 기능**: 아마존은 원클릭 주문이라는 기능을 도입하여 고객의 결제 과정을 단순화시켰습니다. 이를 통해 구매를 망설이는 고객들을 줄이고, 구매 전환율을 높이는 데 성공했습니다. 원클릭 주문 기능 도입 후 아마존의 전환율은 2.5%에서 3%로 높아졌습니다.
- **프라임 멤버십**: 아마존 프라임은 빠른 배송, 독점 콘텐츠 등 다양한 혜택을 제공함으로써 고객들의 구매를 유도합니다. 프라임 멤버십을 가진 고객들의 구매 전환율은 프라임 멤버십이 없는 고객들에 비해 약 74% 더 높은 것으로 보고되었습니다.

구매 전환을 위한 추가 팁

힘들게 유입된 고객들이 이탈되는 것만큼 가슴 아픈 일이 없습니다. 구매를 촉진하는 방법은 크게 두 가지입니다. 매력적으로 보인 제품을 지금 구입해야 한다는 심리적 동인이 필요하고, 구매를 결정한 제품이 타 쇼핑몰보다 매력적인 조건이 있어야 합니다. 그 밖에는 이 모든 소비자 여정이 쾌적하고 불편한 점이 없어야 합니다.

저관여 제품 판매

현재 판매하는 제품이 대부분 5만 원 이하의 저관여 제품, 생필품류라면 전략 수립이 용이합니다. 저관여 제품은 가격 민감도가 크기 때문에, 앞서 언급한 대로 타 쇼핑몰보다 매력적인 조건이라면 망설임이 적은 상태에서 구매를 유도할 수 있습니다.

매력적인 조건 만들기

매력적인 조건을 만드는 방법 첫 번째 방법은 가격을 내리는 것입니다. 소비자들의 반응을 빠르게 얻을 수 있고 직관적이라 피드백도 빠른 방법이죠. 하지만 현실적으로 가격을 내려서 판매하는 방식은 효과적이지 않습니다. 왜냐하면 가격을 할인해 판매하는 전략으로 성장한 경우에는 돌이키기가 쉽지 않기 때문입니다. 즉 소비자들은 가격이 할인되지 않으면 구매를 고민하는 경우가 발생합니다. 가격 이외에 매력적인 조건을 만드는 방법은 아래와 같습니다.

구매 전환율을 높이기 위한 다른 방법
- 유니크한 제품에 대한 소구
- 워런티 연장 또는 워런티 팩 판매
- 로열티 프로그램 운영 (회원 등급, 마일리지 서비스)
- 정품인증 보증서 발행
- **사용자 경험 최적화**: 구매 과정을 간소화하고 사용자 인터페이스를 개선하여 고객이 제품을 쉽게 찾고 정보를 얻으며 구매할 수 있도록 합니다. 이는 모바일 최적화, 빠른 로딩 시간, 직관적인 내비게이션 등을 포함할 수 있습니다.
- **맞춤형 추천 시스템**: 고객의 구매 이력, 검색 기록, 선호도 등을 분석하여 맞춤형 제품 추천을 제공합니다. 이는 고객에게 개인화된 쇼핑 경험을 제공하고 관련 제품에 대한 구매를 유도할 수 있습니다.
- **소셜 미디어 통합**: 제품 페이지에 고객 후기, 인플루언서의 리뷰, 소셜 미디어에서의 언급 등을 통합하여 제품에 대한 신뢰와 관심을 높입니다. 고객이 자신의 소셜 네트워크에서 제품에 대해 언급하도록 장려할 수도 있습니다.
- **실시간 채팅 지원**: 고객이 제품에 대해 궁금한 점이 있을 때 실시간으로 도움을 받을 수 있도록 채팅 지원을 제공합니다. 이는 구매 결정 과정에서 발생할 수 있는 의문사항을 즉시 해결하고 구매를 촉진합니다.
- **플래시 세일 및 한정 판매**: 제한된 시간 동안만 진행되는 특별 할인이나 한정 판매 이벤트를 개최하여 긴급성과 독점성을 강조합니다. 이는 고객의 즉각적인 구매 결정을 유도할 수 있습니다.
- **비디오 및 인터랙티브 콘텐츠**: 제품을 사용하는 방법, 제품 후기, 제품의 특징을 보여주는 동영상 및 인터랙티브 콘텐츠를 제공하여 제품에 대한 이해와 흥미를 높입니다.

− 5 −

재구매 만들기

앞서 퍼널과 구매 전환의 대한 중요성을 이야기했지만, 이커머스 비즈니스의 마지막 여정은 재구매를 지속적으로 만들어내는 과정입니다. 물론 재구매는 이커머스 영역만의 문제가 아닌 제품의 품질과 제품력, 브랜딩 등의 모든 요소가 맞아야 가능합니다만, 이커머스 영역 안에서 유입과 퍼널, 구매 전환 등도 재구매에 영향을 줍니다.

쿠팡은 저관여 제품_{필수 소비재와 같이 가격이 저렴하고, 반복 구매가 자주 일어나는 제품}을 빠른 배송으로 지속적인 반복 구매를 일으켜 현재 네이버를 넘어서는 방문자 수를 기록하고 있습니다.

- 오픈 서베이의 데이터에 따르면 쿠팡은 주에 1.5회를 구매하고, 네이버스마트 스토어는 1.01회 구매하는 것으로 나타났습니다.
- 단, 모든 회사가 저관여 제품이 아닌 고관여 제품을 주로 판매하는 회사들도 있기 때문에 각각에 맞는 고객관계 관리가 필요합니다.

예전에 CRM_{고객관계 관리, Customer Relationship Management}이라는 단어가 유행했던 시절이 있었습니다. 온라인에서 CRM은 주로 이메일을 통해 관계를 유지했는데, 구매 내역을 분석해서 타겟팅된 이메일을 보내는 전략을 주로 사용했는데 효과적이진 못했습니다.

최근에는 앞서 언급한 대로 락인_{Lock-in}을 하기 위해 멤버십 프로그램 등으로 유지하고 있고, 지속적인 서비스를 개발하는 것이 필요합니다.

재구매를 위한 기본 전략, 로열티 프로그램

로열티 프로그램은 회원/등급별 제도를 운영하고, 그들에 따라 차별화된 서비스를 제공하는 프로그램을 운영하는 방법입니다. 마일리지 제도와 동시 운영하여, 회원 등급별 마일리지를 차등 적용하고 등급별 혜택을 구분해주면 효과적입니다.

로열티 프로그램은 재구매를 위한 검증된 가장 효과적인 프로그램입니다. 로열티 프로그램 도입 이후 재구매율이 30% 상승한 사례도 있었습니다.

	Korea			
	Family	Silver	Gold	Platinum
Status/Annual Purchase Amount				
Purchased amount for 1year	~ 499,999	500,000 ~ 999,999	1,000,000 ~ 2,999,999	3,000,000 ~
Point	1P= 1KRW			
Point reward				
CGK Online (Gear)	1%	2%	3%	5%
CGK Online (Apparel)	1%	2%	3%	5%
Other				
Members only news letter	X	X	O	O
Special promotion	X	X	X	O
Free shipping	X	X	O	O
Gift wrapping	X	X	X	X
hem up of pants	X	X	X	X
Birthday coupon	X	X	X	X
Welcome Discount coupon	X	X	X	X
Free pass performance center	X	X	X	O

로열티 프로그램 적용 예

로열티 프로그램 운영을 도와주는 서드파티 프로그램도 존재합니다. 크라우드트위스트CrowdTwist라는 서비스를 이용하면 쉽고 편리하게 로열티 프로그램 운영이 가능합니다.

– 6 –

외부몰 매출 전략

외부몰의 경우 카테고리마다 혹은 브랜드마다 담당자가 있기 때문에 그들과 커뮤니케이션할 수 있는 영업 담당자를 채용하는 것이 비즈니스에 유리합니다. 그들과의 관계 관리는 세부적인 가격 정책 협의, 적시적인 상품 배치 및 프로모션 기획, 고객 피드백 수집 등 여러 방면에서 중요합니다.

외부몰 담당자MD는 일반적으로 프로모션의 정보를 미리 주고, 별도의 프로모션을 기획할 수 있으며, 경쟁사의 동향에 대한 정보도 알 수 있기 때문에 그들과의 관계 유지가 중요합니다. 현재 영업 담당자를 만나 영업을 할 수 없는 곳은 네이버 스마트스토어이며, 쿠팡, 지마켓, 옥션, 11번가, 롯데온, SSG 등 대부분의 업체는 전담 MD가 있기 때문에 그들과 우선 접촉하는 것이 필요합니다.

외부몰의 데이터를 분석하여 소비자 행동과 시장 트렌드를 이해하는 것도 중요합니다. 이를 통해 잘 팔릴 것으로 예상되는 제품을 배치하거나, 고객이 가장 관심을 가질 만한 프로모션을 기획하는 등의 전략을 세울 수 있습니다.

이는 개인 사업자보다 브랜드를 가지고 있는 중견 기업이 비즈니스를 빠르게 안착할 수 있는 이점입니다. 개인 사업자로 MD와 접촉해 비즈니스를 만들어 가는 것은 매출 규모가 어느 정도 크지 않은 이상 쉽지 않습니다. 하지만 회사에 소속되어 비즈니스를 전개하면 이야기가 달라집니다. 다만, 이를 위해서는 브랜드의 가치와 신뢰성을 지속적으로 증명하고 강화해야 합니다.

세일즈 매트릭스 구성

　다음 보여드릴 사례는 제가 이전에 계획하고 적용한 것으로, 몰별 특성을 분석하고 그 몰에 맞는 제품을 선정해 각각 판매를 구분하는 전략을 사용했습니다.

　이 방법을 적용하기 위해서는, 마켓별 프로파일^{몰마다 가진 주요 특징, 성별, 연령대, 판매가 좋은 제품 등}을 숙지함과 동시에 2년 이상 판매 데이터를 가지고 있어야 효과적인 분석이 가능합니다. 실제로 아래와 같은 전략을 통해 전년 대비 매출이 29%가 상승되었습니다.

Promotion strategy @ online malls
- PRODUCT X ONLINE MALLS

| | | 60% | | | | 30% | | | | | | 10% | | |
	Main Audience 거래액(2017추정)	30-40 4.5조원 11ST	20-30 4.5조원 GMT	30-40 3.8조 AUCT	30-45 0.7조 CJ	35-45 0.7조 GS	35-45 0.5조 H	35-45 0.5조 LOTTE I	30-40 0.4조 LOTTE.	30-40 0.5조 SSG	20-35 2.8조 WMP	25-35 3.8조 COPNG	25-35 3조 TMON
ROBOT	PI915SQM/SM												
ULTRAONE	PD91-8SSM(HERA)												
ULTRAFLEX-P	ZUF4307ACT			LAUNCH		LAUNCH							
ULTRAFLEX-P	ZUF4306DEL												
ULTRAFLEX-L	ZUF4301OR												
ULTRAFLEX-L	ZSP4301OR												
ULTRAFLEX-NEW	PC81-8IBM(ULTRAFLEX)												
DYNAMICA	EDYL35OR												
ULTRAPOWER	ZB6022												
ERGORAPIDO	ZB3113AK												
ERGORAPIDO	ZB3106AK												
ERGORAPIDO	ZB3323BO												
ERGORAPIDO	ZB3311												
ERGORAPIDO	ZB3320P												
SHIVA	PF91-5EG(SHIVA)	LAUNCH								LAUNCH			
SHIVA	PF91-5BW(SHIVA)		LAUNCH					LAUNCH					
SHIVA	PF91-6BS(SHIVA)			LAUNCH			LAUNCH						
RAPIDO- N	ZB5108/6												
RAPIDO- R	ZB6108WD/ZB6114												
BLENDER	EBR7804S												
BLENDER	EBR9804S												
BLENDER	TP1(MINI BLENDER)			LAUNCH		LAUNCH							
HAND BLDR	ESTM7804S												
HAND BLDR	ESTM9804S												
COFFEE MAKER	ECM7804S												
COFFEE MAKER	ECMI303K												
KETTLE	EEK7804S												
KETTLE	EEK7814CH												

온라인몰별 프로모션 전략 예시

키워드 이해하기

　소상공인들이 스마트스토어나 쿠팡에서 성장할 수 있었던 이유는 무엇일까요? 일반적으로 이커머스에서의 성공은 노출과 깊은 관련이 있습니다. 과거

지마켓이나 옥션 같은 플랫폼에서는, 신규 셀러가 비즈니스를 시작하기 어렵게 만드는 많은 장벽들이 있었습니다. MD와의 관계, 높은 판매량 및 좋은 상품 후기, 그리고 리스트 광고 비용을 부담하는 업체 등 이러한 요인들은 신규 셀러의 진입장벽을 더욱 높였습니다. 초반에 매출을 위해 들어갔다가 광고비로 수백만 원씩 손해를 보고 나오는 업체들도 많았습니다.

이 시장의 규칙을 바꾼 것은 아마존과 쿠팡입니다. 이들 플랫폼은 새롭게 등록된 상품에 더 많은 노출 기회를 주었고, 키워드에 대한 정보를 공유함으로써 소규모 업체가 B, C급 키워드를 선점할 수 있게 하였습니다. 이런 방식으로 신규 셀러들도 시장에서 경쟁할 수 있는 환경을 만들었고, 신규 셀러의 성장은 이커머스 시장의 선순환 구조를 만드는 데 기여했습니다. 이에 관해 대부분의 이커머스 전문가들은 두 플랫폼의 신규 셀러 지원 전략이 이커머스 시장을 확대하는 데 결정적인 역할을 했다고 평가합니다.

이커머스에서 '키워드'는 매우 중요한 요소입니다. 이를 통해 특정 상품이나 서비스가 검색 결과에서 상위에 노출될 수 있습니다. 이러한 키워드 중 일부는 '황금 키워드'라고 불리는데, 이 키워드를 선점하게 되면 큰 이익을 얻을 가능성이 높습니다.

그러나 대부분의 주요 키워드는 경쟁 강도가 높습니다. 이럴 때 중요한 것이 새로운 키워드를 찾는 능력입니다. 키워드 트렌드는 시간이 지남에 따라 끊임없이 변하므로, 트렌드를 잘 파악하고 신속하게 대응하는 것이 필요합니다.

따라서 기업들은 이러한 키워드 전략에 대해 집중적으로 공부하고 이해하는 것이 중요합니다. 단순히 광고 예산을 늘리는 것이 아니라, 키워드에 대한 깊은 이해와 실질적인 전략 구축이 요구됩니다. 특히 판매, 마케팅, 광고 등의 업무를 수행하는 직원들은 이러한 키워드 전략의 이해와 실무 적용에 대한 교육을 받는 것이 유익하게 작용할 것입니다.

외부몰 트렌드 이해하기

이커머스 담당자는 과거의 경험보다 앞으로의 변화에 설레는 사람이어야 합니다.

이커머스 시장 트렌드는 지속적으로 변합니다. 몇년 사이에 주요 경쟁 구도가 지마켓·옥션·11번가에서 쿠팡 · 네이버 스마트스토어로 재편되기도 했고, 버티컬 서비스인 전문몰이 약진하거나, 컬리(옛 마켓컬리) 같은 유통을 혁신한 모델을 예상한 사람은 없었습니다. 최근에는 알리익스프레스를 앞세운 직구 시장이 급성장을 하는 시장으로 빠르게 변하고 있습니다. 그렇기 때문에 앞으로 쿠팡과 네이버가 지속적인 리더십을 유지할지 확언할 수 없습니다.

우리는 항상 시장 트렌드에 민감해야 하고, 정보 교류가 많아야 합니다. 마켓 트렌드는 실무의 움직임 즉, 업체 MD나 동종 업계 모임 등에서 많이 접할 수가 있어 영업 담당자의 노력이 필요합니다.

IT 트렌드에도 민감하게 움직여야 합니다. 최근 화두가 되고 있는 챗GPT$_{ChatGPT}$ 역시 웹 서비스 기획에 많은 변화를 줄 수 있습니다. 상세 페이지나 랜딩 페이지에 넣을 카피를 작성하는 일 정도는 이제 챗GPT에 쉽게 요청할 수 있게 되었습니다.

저작권이 없는 이미지를 만드는 것도 어렵지 않으며, 간단한 코딩이나 기술적 자문도 가능합니다. 이런 변화를 캐치하고 비즈니스와 연결하는 능력이 필요합니다.

– 7 –

SEO가 필요해진 이유

한국을 제외한 대부분의 나라는 이커머스를 시작할 때나 랜딩 페이지를 제작할 때 SEO_{Search Engine Optimization, 검색 엔진 최적화}를 주요 전략으로 구성합니다. SEO 대행사도 많으며, 큰 기업에서는 SEO 매니저 포지션도 운영하는 조직이 있습니다. SEO는 대부분 구글 노출에 집중하는 전략입니다. 더 정확히는 구글의 서치봇이 내 정보를 잘 가져갈 수 있도록 세팅하는 기술입니다. SEO 가이드는 구글에서 제공하고 있어 적용은 가능하지만 생각보다 번거롭고 놓칠 수 있는 부분이 많아, 초기 세팅 시에는 에이전시 도움을 받는 것도 좋습니다.

우리나라는 사실 SEO가 필요 없었던 이유는, 네이버가 검색을 대부분 차지한데다 네이버 자체는 SEO 가이드보다 본인의 생태계 안에 있는 인하우스 서비스를 이용하면 노출을 보장해주는 전략을 사용했기 때문입니다. 그래서 대부분 '노출=광고'라는 개념으로만 접근했습니다.

하지만 최근 우리나라에도 구글 검색 점유율이 30%를 넘어섰습니다. 이 의미는 구글 SEO 전략도 노출에 매우 도움이 될 수 있고, 우리나라에서는 선점효과의 기회가 남아있어 유효한 전략이라고 생각합니다.

카테고리	네이버	구글	차이
전체	59%	31%	29%
건강/의학	65%	30%	35%
게임	86%	14%	72%
교육/학원	54%	38%	15%
금융/부동산	68%	23%	45%
뉴스/미디어	53%	40%	13%
문학/예술	59%	33%	26%
비즈니스/경제	57%	34%	23%
사회/문화/종교	54%	37%	17%
생활/가정/취미	83%	10%	73%
서비스	52%	44%	8%
쇼핑	72%	15%	57%
스포츠/레저	80%	15%	66%
엔터테인먼트	49%	45%	4%
여행	56%	30%	26%
온라인교육	56%	34%	22%
유통/판매/운송	72%	22%	49%
인터넷/컴퓨터	67%	21%	46%
정보통신/IT	49%	47%	2%
정치/행정	52%	34%	18%
제조	54%	35%	19%
커뮤니티	46%	44%	2%
학문	54%	36%	18%

분야별 포털 사이트 검색 점유율 (출처: 아마존, 대신증권 Research Center)

최근에는 SEO 에이전시도 생겨나고 있습니다. 예산이 일정 부분 허용된다면 전문 업체에 도움을 받는 것도 효과적이라고 생각합니다. 디지털 광고 예산보다 저렴하게 운영이 가능하기 때문에 효과적인 전략입니다.

CHAPTER 08

디지털 마케팅 전략

— 1 —

외부 트래픽 유입 전략

이커머스의 마케팅 영역은 매우 광범위합니다. 이 영역은 대상 고객을 우리 사이트로 가장 효율적으로 유입시키는 작업부터, 해당 고객을 구매로 이어지는 행동으로 유도하는 과정까지 전체적으로 관여합니다. 즉, 크게 두 가지 중요한 전략을 세워야 합니다.

외부 트래픽 유입 전략은 고객을 웹사이트로 유입시키는 데 초점을 맞춥니다. 이것은 SEO, SEM, 소셜 미디어 광고, 인플루언서 마케팅, 콘텐츠 마케팅 등 다양한 디지털 마케팅 전략을 포함할 수 있습니다. 여기서 주요 목표는 우리의 타겟 고객에게 의미 있는 콘텐츠를 제공하고, 그들이 우리 사이트를 방문하게 만드는 것입니다. 각각의 적용 방법은 다음과 같습니다.

검색 엔진 최적화 (SEO)

검색 엔진 최적화SEO, Search Engine Optimization는 고객이 구글, 네이버 등의 검색 엔진에서 특정 키워드를 검색했을 때 회사의 웹사이트가 상위 결과에 나타나도록 하는 과정입니다. 예를 들어 다이소는 홈페이지와 상품 설명, 블로그 게시글 등에서 '저렴한 생활용품'이라는 키워드를 활용하여 검색 결과 상위에 노출되는 전략을 취했습니다.

SEO를 효과적으로 수행하기 위해서는 다음과 같은 전략을 고려해야 합니다.

- **키워드 연구**: SEO의 첫 번째 단계는 키워드 연구입니다. 어떤 키워드가 대상 고객에게 가장 중요한지, 그리고 이들이 어떤 검색어를 사용하여 웹사이트를 찾고 있는지 파악하는 것이 중요합니다. 이를 위해 구글 키워드 플래너, 네이버 키워드 도구 등을 활용할 수 있습니다.

- **웹사이트 최적화**: 키워드 연구를 바탕으로 웹사이트를 최적화해야 합니다. 이는 제목, 메타 태그, URL, 내용 등 웹사이트의 모든 부분에 대한 최적화를 포함합니다. 특히 주요 키워드는 내용의 앞부분, 제목, 하위 제목, 메타 설명 등에 포함시켜야 합니다.

- **콘텐츠 마케팅**: 고객에게 가치를 제공하는 유익하고 독창적인 콘텐츠를 제공하는 것은 SEO의 핵심입니다. 블로그 게시물, 인포그래픽, 동영상 등 다양한 형식의 콘텐츠를 생성하고 이 콘텐츠에서 주요 키워드를 자연스럽게 통합해야 합니다.

- **효과적인 링크 사용**: 자신의 웹사이트로 연결하는 외부 웹사이트(백링크)의 수는 검색 엔진 랭킹에 큰 영향을 미칩니다. 따라서 유관한 사이트들에 게시물을 게시하거나 파트너십을 구축하는 등의 방법으로 백링크를 얻는 것이 중요합니다.

- **웹사이트 속도와 모바일 최적화**: 검색 엔진들은 사용자 경험을 중요하게 여기므로, 웹사이트의 로딩 속도와 모바일 친화성 또한 랭킹 요인에 영향을 미칩니다. 따라서 웹사이트의 속도를 최적화하고 모바일 사용자에게 친화적인 디자인을 제공하는 것이 중요합니다.

이러한 SEO 전략은 일관된 노력과 지속적인 최적화가 필요합니다. SEO는 단기간에 결과를 보는 것이 아니라, 장기적인 마케팅 전략의 일부로 간주해야 합니다. 따라서 SEO 작업은 계속적으로 모니터링하고 개선하는 과정이 필요합니다.

검색 엔진을 최적화하는 방법은 내용이 매우 방대하여 앞서 이야기한 대로 전문 에이전시를 활용하는 것이 좋습니다.

기본 검색 엔진 등록

검색 엔진에 노출되기 위해서는 검색 엔진에 우리 회사에 웹사이트를 등록해 야 합니다. 생각보다 많은 업체들이 이 과정을 생략하거나 놓치는 경우가 많은 데 등록을 해주는 것이 좋습니다. 우리나라에서는 구글 서치 콘솔과 네이버 서 치 어드바이저 두 곳에 등록하면 됩니다.

[구글 서치 콘솔] search.google.com/search-console

참고 구글 서치 콘솔에 등록하려면 소유권 인증 절차를 거쳐야 합니다.

구글 서치 콘솔

[네이버 서치 어드바이저] searchadvisor.naver.com

네이버 서치 어드바이저

소셜 최적화된 타이틀과 디스크립션 입력

카카오 등에 URL을 보내면 해당 이미지와 간단한 설명이 포함되어 정보가 전달되는 것을 본 적 있으실 겁니다. 검색 엔진의 크롤링 봇은 웹사이트 전체를 등록하는 것이 아니라 페이지마다 페이지 제목과 상세 설명, 이미지를 가져가기 때문에 웹사이트의 생성되는 페이지 모두 등록하는 것이 필요합니다. 이는 최초에 내부 직원이 입력을 해주면 됩니다.

동적인 페이지(예: 제품 상세 페이지)도 동적인 내용이 포함되어 제목, 상세 설명, 이미지를 제공해주어야 합니다. 이는 페이지가 수시로 생성되기 때문에 IT팀의 서포트가 필요합니다.

페이지별 위계구조 설정

검색 엔진의 크롤링 봇은 페이지마다 텍스트의 위계구조를 좋아합니다. 즉 헤딩별로 목차 구조를 구성하는 것이 필요한데, 우리나라 페이지들은 이런 위계구조를 기초로 설계하는 곳이 적기 때문에 랜딩 페이지, 프로모션 페이지 등을 기획할 때 고려해야 합니다.

페이지 위계구조 확인하는 팁

구글 확장 프로그램 'HeadingsMap'을 설치하면 페이지별 위계구조를 한눈에 파악할 수 있어 페이지 설계에 많은 도움을 받을 수 있습니다. 만약 위계구조가 설계가 제대로 되어 있지 않으면 페이지별로 HTML 태그 〈h1〉, 〈h2〉, 〈h3〉를 사용해 구조를 재정의해주면 됩니다.

HeadingsMap 앱 다운로드 화면

검색 엔진 마케팅 (SEM)

검색 엔진 마케팅SEM, Search Engine Marketing은 SEO와 함께 웹사이트의 검색 엔진 결과 페이지SERP에서의 가시성을 증가시키는 전략입니다. SEM은 주로 구글 광고, 네이버 광고, 다음 광고 등의 플랫폼에서 진행되며, 고객이 특정 키워드를 검색할 때 회사의 광고가 상위 결과에 노출되는 것을 목표로 합니다.

예를 들어 쿠팡과 같은 회사는 '캠핑용품'이라는 키워드를 이용하여 네이버 검색 결과에서 자사의 광고가 먼저 노출되도록 SEM 전략을 구사했습니다.

SEM을 효과적으로 수행하기 위한 몇 가지 중요한 요소는 다음과 같습니다:

- **키워드 선정**: SEM 캠페인의 성공 여부는 대부분 효과적인 키워드 선정에서 시작됩니다. 고객이 어떤 키워드를 사용하여 상품이나 서비스를 검색하는지 알아내는 것이 중요합니다
- **광고 작성**: 적절한 키워드가 선정되면 광고를 작성해야 합니다. 광고는 짧지만 효과적인 메시지를 전달하고 사용자를 클릭으로 유도해야 합니다.
- **랜딩 페이지 최적화**: 사용자가 광고를 클릭하면 보게 될 랜딩 페이지는 중요한 첫 인상을 제공합니다. 이 페이지는 사용자의 요구를 충족시키고, 액션을 취하도록 유도해야 합니다.
- **광고 캠페인의 모니터링 및 최적화**: 광고 캠페인은 단 한 번 설정하고 끝나는 것이 아닙니다. 광고의 효과를 지속적으로 모니터링하고, 성과를 개선하기 위해 광고를 수정하거나 새로운 키워드를 추가하는 등의 작업이 필요합니다.

기억할 것은 SEM은 장기적으로 SEO와 병행하여 사용해야 효과적이라는 것입니다. SEM은 즉각적인 결과를 가져다주지만, 비용이 들며 그 효과는 광고를 중단하는 순간 사라집니다. 반면 SEO는 장기적인 전략이며 시간이 소요되지만, 효과는 오래 지속됩니다. 따라서 두 전략을 잘 조합하여 사용하는 것이 중요합니다.

소셜 미디어 마케팅

페이스북, 인스타그램, 유튜브 등의 플랫폼을 활용하여 회사의 브랜드를 알리고, 상품이나 서비스를 소비자에게 소개하는 방법입니다. 개인 판매자와 소상공인이 쿠팡과 네이버 덕분에 이커머스를 활성화할 수 있는 기반을 다질 수 있었다면, 마케팅은 이 소셜 미디어 덕분에 가능하게 되었습니다. 소셜 미디어 마케팅은 내가 원하는 타겟을 빠르고 쉽게 모을 수 있고 소액의 예산으로도 집행이 가능하고, 주목도를 높일 수 있는 기획력과 카피만 있으면 고객을 효율적으로 모을 수 있는 방법입니다.

최근 디지털 마케팅 업체가 이커머스 업계에 진출을 많이 하고 크게 성장을 할 수 있었던 것은 소셜 미디어의 영향이 컸습니다.

주목을 끄는 광고 하나로 큰 매출을 올렸던 마O베개

소셜 미디어 마케팅 사례

도브의 'Real Beauty Sketches' 캠페인

도브Dove는 여성들이 자신을 얼마나 하찮게 여기는지를 보여주기 위해 'Real Beauty Sketches'라는 캠페인을 유튜브에서 진행하였습니다. 이 캠페인에서는 범죄 현장 수사관이 실제 여성의 모습과 그들이 자신을 묘사한 모습을 각각

그렸습니다. 비디오는 두 그림 사이에 뚜렷한 차이를 보여주며, 여성들이 자신의 아름다움을 잘못 인식하고 있다는 메시지를 전달하였습니다. 소셜 미디어에서 이를 공유하면서 빠르게 전파되었고, 이는 브랜드에 대한 긍정적인 이미지와 감정적인 연결을 구축하는 데 도움이 되었습니다.

[캠페인 영상 링크] https://url.kr/mpa8ry

고프로의 '네 안의 프로를 발견해' 캠페인

고프로$_{GoPro}$는 사용자 생성 콘텐츠$_{User Generated Content, UGC}$를 활용한 전략을 성공적으로 수행하였습니다. 고객들이 직접 찍은 고프로 카메라의 화질을 보여주는 사진과 비디오를 인스타그램에 업로드하도록 격려하였고, 이들 중 일부는 고프로 공식 계정에서 재공유되었습니다. 이 전략은 고객들로 하여금 자신들의 경험을 공유하도록 독려하였고, 이를 통해 브랜드 애호가들의 커뮤니티를 구축하였습니다.

[캠페인 영상 링크] https://url.kr/lai48b

코카콜라의 'Share a Coke' 캠페인

코카콜라는 'Share a Coke' 캠페인을 통해 소비자들에게 개인화된 콜라병을 제공하였습니다. 이 캠페인은 페이스북에서 시작되어 전 세계적으로 확산되었고, 소비자들은 자신의 이름이나 친구의 이름이 적힌 콜라병을 찾는 데 참여하였습니다. 이는 브랜드와 소비자 간의 개인적인 연결을 촉진하였습니다.

[캠페인 영상 링크] https://url.kr/o5yfbx

스타벅스의 #RedCupContest 캠페인

스타벅스는 매년 연말에 #RedCupContest라는 인스타그램 콘테스트를 개최합니다. 고객들은 빨간색 스타벅스 컵에 대한 자신만의 창조적인 사진을 찍어 인스타그램에 업로드하고, 해시태그 #RedCupContest를 추가합니다. 스타벅스는 가장 창의적인 사진을 선택해 상품을 제공합니다. 이 캠페인은 고객들이 브랜드와 상호작용 하는 동시에 스타벅스의 연말 시즌 제품을 홍보하는데 도움이 되었습니다.

[캠페인 게시글 링크] https://url.kr/gerblq

각각의 캠페인은 그들만의 독특한 전략과 목표를 가지고 있었지만 공통적으로 소셜 미디어의 특성을 활용하여 고객 참여를 유도하고 브랜드 인지도를 향상시켰습니다. 특히 소셜 미디어를 통해 진행하였기 때문에 고객들과의 직접적인 상호작용이 가능하였으며, 이를 통해 브랜드에 대한 긍정적인 인식을 형성하는 데 도움이 되었습니다.

콘텐츠 마케팅

회사가 자체적으로 제작한 유용한 콘텐츠를 통해 고객을 웹사이트로 유입하는 전략입니다. 여기에는 블로그 글, 인포그래픽, 비디오 등 다양한 형태의 콘텐츠가 포함될 수 있습니다. 예를 들어 메이크업 브랜드 나스NARS Cosmetics는 메이크업 튜토리얼과 제품 리뷰 등을 담은 콘텐츠를 자사 웹사이트와 유튜브 채널에 게시하여 고객을 유입하는 전략을 택했습니다.

특히 숏폼 콘텐츠의 시청연령이 확대되면서, 이제는 MZ 세대뿐만 아니라 전 세대를 아우르는 마케팅 전략으로 자리 잡았습니다. 숏폼 마케팅은 빠르게 정보를 전달하고 강력한 메시지를 전달하는 데 유리하며, 다양한 플랫폼에서 활발하게 활용되고 있습니다.

최근에는 앱 추적 투명성_{ATT, App Tracking Transparency} 정책과 쿠키 제한으로 인해 타겟팅이 어려워지면서 온드 미디어_{Owned Media, 자사에서 자체적으로 운영하는 웹 페이지, 쇼핑몰, SNS 채널 등의 미디어}의 중요성이 커지고 있습니다. 이는 자사 웹사이트나 SNS 등 자체적으로 보유한 미디어를 활용하여 고객과 직접적으로 커뮤니케이션하고 관계를 형성하는 전략입니다.

- **정관장의 퍼포먼스 마케팅**: 정관장은 디지털 채널의 세일즈를 극대화하기 위해 여러 단계의 마케팅 전략을 채택했습니다. 이는 브랜드 인지도 증대와 매출 전환을 목표로 했으며, 뮤지컬 형태의 흥미로운 브랜디드 컨텐츠를 개발하고, 구매 유도를 위한 컨텐츠 기획 및 광고 운영, 자사몰 유입 증대를 위한 디테일한 설계 등을 포함했습니다. 이 전략을 통해 정관장은 명절 선물 카테고리에서 1위를 기록하고, 캠페인 타겟에 대한 도달률과 매출을 크게 증가시켰습니다.
- **29CM의 퍼포먼스 마케팅**: 온라인 셀렉트샵 29CM는 시장 내 존재감 강화와 정인지 확보를 위해 단계별 마케팅 최적화를 실행했습니다. 이들은 브랜드 편과 페르소나 편을 포함한 다양한 컨텐츠를 제작하고 운영했으며, 이를 통해 브랜드의 존재감을 확실하게 보여주고 29CM와 함께하는 일상을 소개했습니다. 이 전략은 브랜드 인지도와 월간 앱 활성 사용자 수를 크게 증가시켰습니다.

이메일 마케팅

회사의 최신 소식, 할인 혜택, 이벤트 등을 이메일을 통해 고객에게 전달하여 사이트 방문을 유도하는 방법입니다. 예를 들어 애슐리 홈스토어는 신규 가입 고객에게 할인 쿠폰을 제공하고, 이메일로 최신 제품과 세일 정보를 전달하여 고객의 재방문을 유도했습니다.

각각의 전략은 기업의 목표, 타겟 고객, 그리고 제품 또는 서비스의 특성에 따라 다르게 적용될 수 있으며, 여러 전략을 조합하여 사용하면 더욱 효과적일 수 있습니다.

- **까탈로그의 웰컴 메일**: 이메일의 제목이 개인화되어 있고, 도발적인 문구를 사용하여 이목을 끕니다. 이러한 접근은 수신자의 관심을 끌고, 브랜드에 대한 호기심을 유발시킵니다. 예를 들어 '돈 쓸 준비 됐나요?'와 같은 기억에 남는 문구를 사용하는 것이 포인트입니다.

- **H&M의 이벤트 및 프로모션 안내**: 글로벌 패션 브랜드인 H&M은 콜라보레이션, 할인 행사 등을 통해 이메일을 활용합니다. 이러한 이벤트와 프로모션 관련 정보는 고객이 브랜드를 기억하고 재방문하도록 유도합니다.

- **넷플릭스의 지속적인 이용 유도**: 넷플릭스는 사용자가 시청한 콘텐츠와 비슷한 콘텐츠를 추천하는 이메일을 보내어 사용자의 지속적인 이용을 유도합니다. 또한 신작 소개와 같은 정보도 이메일을 통해 제공하여 사용자의 관심을 끌고 서비스 이용을 촉진합니다.

− 2 −

효과적인 디지털 광고

앞절에서 소개한 마케팅 전략은 대부분 유료 광고로 접근할 수 있습니다. 기업은 개인보다 유료 광고를 통해 짧은 시간에 효과적인 트래픽을 유도하는 전략을 많이 사용합니다. 매출 규모에 따라 허용되는 예산 내에서 효율적인 유료 광고 모델을 선택하는 것이 필요합니다. 유료 광고 모델은 제품이나 산업군에 따라 매우 다르게 적용될 수 있어, 대표적인 광고 상품을 소개하겠습니다.

구글 디스플레이 네트워크 광고

구글 디스플레이 네트워크GDN 광고는 구글 광고 네트워크에 속한 수백만 개의 웹사이트, 뉴스 페이지, 블로그 등에서 광고를 노출시킬 수 있습니다. 이를 통해 사용자가 웹을 탐색하거나 관심 있는 사이트를 방문할 때 광고를 볼 수 있습니다. 예를 들어 삼성전자는 GDN을 활용하여 신제품 출시 시 전 세계적으로 브랜드 인지도를 높이는 전략을 취했습니다.

최근 OTTOver The Top 및 CTVConnected TV 광고 형태가 인기가 높습니다. 이 상품은 전통적인 케이블 TV를 벗어나 스트리밍 서비스를 통해 직접 콘텐츠를 제공합니다. 구글 디스플레이 네트워크에서 이러한 플랫폼을 통한 광고는 더 젊은 고객과 더 많은 높은 소득을 가진 시청자들을 타깃팅하는 데 유리합니다.

네이버 검색 광고

네이버 검색 광고는 사용자가 특정 키워드를 검색했을 때 상위에 광고를 노출시키는 서비스입니다. 이를 통해 회사는 타겟 고객이 찾고 있는 정보에 대해 정확하게 광고를 제공할 수 있습니다.

최근 네이버 검색 광고는 인플루언서 마케팅과 연계하여 효과를 높일 수 있습니다. 인플루언서들이 특정 키워드 또는 관련 주제에 대해 언급하면 그와 연관된 네이버 검색 광고를 통해 브랜드 인지도를 높일 수 있습니다. 특히 마이크로 인플루언서의 활용은 비용 측면에서 효율적이며, 높은 참여율과 신뢰성을 얻을 수 있습니다.

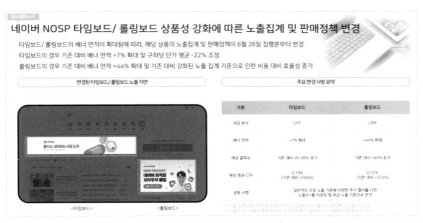

네이버 광고 상품별 노출 지면 및 주요 사항 요약 (출처: 인크로스)

메타(페이스북) 광고

페이스북 광고는 사용자의 관심사, 행동, 위치 등 다양한 타겟팅 옵션을 활용하여 광고를 노출시킵니다. 여기에는 이미지 광고, 동영상 광고, 캐러셀carousel 광고(일명 슬라이드 광고) 등 다양한 형식이 포함됩니다. 예를 들어 뷰티 브랜드 '이니스프리'는 페이스북을 통해 새로운 제품 출시 광고를 집행하여 타겟 고객의 관심을 끌었습니다.

메타는 최근 메타버스 광고를 시작했습니다. 메타버스는 가상현실 및 증강현실을 통한 새로운 광고 경험을 제공합니다. 이는 페이스북의 메타가 적극적으로 주도하고 있으며, 브랜드가 물리적 공간의 제약 없이 디지털 상품을 판매하고 고객과의 상호작용을 강화할 수 있는 기회를 제공합니다.

인스타그램 광고

인스타그램 광고는 이미지 또는 비디오 형태의 광고를 사용자의 피드나 스토리에 노출시킵니다. 특히 라이프스타일 또는 패션 브랜드들이 이 플랫폼을 통해 젊은 고객들을 대상으로 광고를 집행하는 경우가 많습니다. 예를 들어 '지고트JIGOTT' 같은 패션 브랜드는 인스타그램을 통해 자사 제품의 다양한 스타일링을 고객에게 보여주며 브랜드 인지도를 높였습니다.

— 3 —

구매 전환율 상승 비법

　동계 올림픽 종목 중 하나인 컬링을 보면 스톤이 잘 갈 수 있도록 스위핑을 하는 모습이 떠오릅니다. 구매 전환율을 올리기 위한 노력도 이 모습과 닮았다고 생각합니다. 예전엔 소비자 여정을 트래킹하는 것이 어려웠습니다. 로그 분석 툴이 있었지만 무겁고 오류도 많아 실제 사용하기에 한계가 있었고, 개개인의 여정을 파악하는 건 매우 어려운 작업이었습니다. 하지만 D2C 시장이 커지며, 구매 전환율을 상승시키기에 꼭 필요한 고객 여정 분석을 통해 구매 전환율을 체크하고 이에 사이트를 개선하거나 캠페인 제안을 통해 구매 전환율을 상승시킬 수 있습니다.

구매 전환율 상승 사례

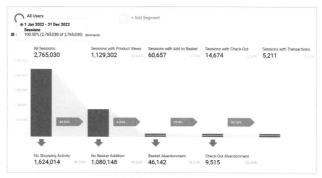

구글 애널리틱스 4를 이용한 퍼널 분석

사례 1　**결제 단계 이탈율 개선**

퍼널 분석을 통해, 1개월 전부터 마지막 결제 단계의 이탈이 매우 높음을 파악하고 원인을 찾고자 했으나 그 과정이 쉽지 않았습니다. 팀원들의 재연만으로는 검증하는 데 한계가 있었고, 고객별로 태깅을 해서 문제점을 파악하려 했지만 찾기 어려웠습니다. 그러다 소비자 여정을 트래킹할 수 있는 툴을 사용해 결제 단계의 로그인 세션에 문제가 있음을 알게 되었습니다. 이를 개선함으로써 구매 전환율을 크게 향상시킬 수 있었습니다.

사례 2　**장바구니 구매 전환 개선**

특정 신제품이 출시된 이후로 해당 제품이 장바구니에 많이 담겼음에도 구매 전환이 되지 않았습니다. 간단한 서베이를 통해 그 이유를 알 수 있었는데, 가격이 비싼 고관여 제품인데다 신제품이기도 해서, 제품 리뷰를 확인하고 타 사이트 제품과 가격을 비교하며 구매를 망설였기 때문입니다. 그래서 구매 촉진을 위한 프로모션을 진행했습니다. 최근 3개월 동안 50만 원 이상 구매한 고객인 경우 혹은 프로모션이 적용되는 제품을 장바구니 담은 고객이 우리 사이트에 다시 방문한 경우, 팝업을 통해 스페셜 기프트를 제공하였습니다. 그 결과, 구매 전환율을 42%로 상승시킬 수 있었습니다.

사례 3　**A/B 테스트로 클릭률 향상**

메인 페이지의 배너 카피의 시안이 최종 2개가 확정했지만 어느 것이 소비자의 관심과 클릭을 유도할지 확신이 없을 때 기본적으로 A/B 테스트를 진행합니다. 실제로 특정한 타겟에 테스트가 필요하다고 생각하여 25–35세의 고객에게만 특정 배너가 노출되도록 설계하고 일주일간 A, B 두 개의 배너를 테스트를 한 뒤 성과가 좋은 배너로 확대하는 전략을 사용하여, 구매 전환율을 4% 가량 상승시켰습니다.

사례 4　**고객별 노출 변화**

고객이 지금 관심 있게 보는 제품, 다른 고객이 현재 구매한 제품의 실데이터를 기반한 모달(팝업)을 실시간으로 노출해 고객의 구매 전환을 유도하는 전략을 사용하여, 실제 구매 전환율을 1%에서 6%로 높일 수 있었습니다

아마존의 고객 맞춤형 추천 시스템

아마존은 고객의 구매 이력, 검색 이력, 상품에 대한 클릭 및 리뷰 이력 등을 바탕으로 개인화된 상품 추천을 제공하는 AI 기반의 추천 시스템을 구축하였습니다.

이 시스템은 고객이 웹사이트를 방문할 때마다 실시간으로 업데이트되어, 고객이 관심을 가질 가능성이 높은 상품을 추천합니다.

이러한 개인화된 추천은 고객에게 보다 관련성 있는 상품을 제공함으로써 고객의 쇼핑 경험을 향상시키고 구매 전환율을 높이는 데 기여합니다. 2013년 맥킨지의 통계에 따르면, 아마존의 매출의 35% 이상이 이런 추천 시스템에서 생성되었다고 보고되었습니다.

이처럼 퍼널별 고객 유형을 파악하고, 단계별 문제점을 개선하면 구매 전환율을 상승시킬 수 있습니다. 이 모든 것은 다양한 서비스를 통해 간단히 작업을 할 수 있어, 요즘은 D2C 하기에 좋은 환경이라고 볼 수 있습니다.

소비자 여정을 추적할 수 있는 서비스(예: Hotjar) 등을 사용해보면 우리 고객들이 얼마나 많은 여정에서 길을 잃고 이탈을 하는지 알 수 있습니다. 우선 방해 요소를 없애기 전에 유저 인터페이스 및 디자인을 잘하는 것이 중요합니다.

고객이 웹사이트를 방문한 후, 다음 단계는 그들을 구매로 이어지는 행동으로 유도하는 것입니다. 이를 위해 내부 구매 전환율 상승 전략을 개발해야 합니다. 이것은 사이트 내의 사용자 경험 최적화(예: 이해하기 쉬운 내비게이션, 빠른 로딩 시간, 모바일 친화성 등), 효과적인 제품 표시(예: 세부적인 제품 정보, 고품질 이미지, 사용자 리뷰 등), 강력한 호출-to-행동(예: 명확하고 눈에 띄는 '구매하기' 버튼), 퍼스널라이제이션Personalization 및 효과적인 장바구니 및 체크아웃 프로세스를 통해 이루어집니다.

그 다음으로는 퍼널 분석 등을 통해 단계별 소비자 이탈률을 파악하는 것이 필요합니다. 예전엔 이런 데이터를 취합하기가 매우 제한적이고 어려웠지만 지금은 빠르고 쉽게 다양한 데이터를 얻을 수 있어 퍼포먼스 마케팅을 하는 데 많은 도움을 받을 수 있습니다.

다만, 이러한 추천 시스템은 정확한 예측을 위해 대량의 데이터와 고급 분석 기술을 요구하며, 이를 구축하고 유지하는 데 상당한 리소스를 필요로 합니다. 그러므로 이런 시스템을 도입할 때는 그에 따른 투자와 수익을 충분히 고려해야 합니다.

구매 전환을 도와주는 서비스

구글 애널리틱스

구글 애널리틱스Google Analytics는 웹사이트 트래픽과 사용자 행동에 대한 통찰력을 제공하는 가장 대표적인 도구입니다. 특히 '이벤트 추적' 기능을 사용하면 웹사이트에서 배너 클릭과 같은 사용자의 행동을 추적하고 분석할 수 있습니다.

어도비 애널리틱스

어도비 애널리틱스Adobe Analytics도 웹사이트의 데이터를 수집하고 분석하는 데 매우 유용한 도구입니다. 이 도구를 사용하면, 사용자가 배너를 클릭했을 때의 정보를 포함하여 웹사이트에서 일어나는 다양한 이벤트를 추적하고 분석할 수 있습니다

핫자

핫자Hotjar는 웹사이트에서 사용자 행동을 추적하고 분석하는 도구입니다. 히트맵Heatmap, 스크롤맵Scrollmap, 클릭 트래킹 등 다양한 기능을 제공하며 사용자들이 웹사이트에서 어떻게 행동하는지 시각적으로 보여줍니다.

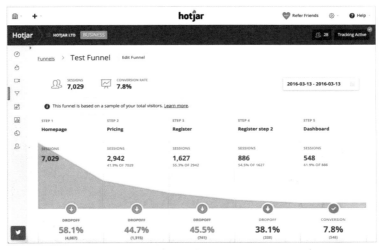

핫자를 이용한 퍼널 분석

콘텐츠스퀘어

콘텐츠스퀘어ContentSquare는 사용자의 UX사용자 경험를 이해하고 최적화할 수 있도록 돕는 도구입니다. 사용자 행동 분석, 세션 재생, 퍼널 분석 등을 제공하여 사용자가 웹사이트에서 어떻게 이동하는지 이해하고 그에 따라 최적의 사용자 경험을 제공하는 데 도움을 줍니다.

콘텐츠스퀘어를 이용한 퍼널 분석

크레이지 에그

크레이지 에그Crazy Egg는 웹사이트에서 사용자 행동을 추적하고 분석하는 도구입니다. 히트맵Heatmap, 스크롤맵Scrollmap, 클릭 트래킹 등 다양한 기능을 제공하며 사용자들이 웹사이트에서 어떻게 행동하는지 시각적으로 보여줍니다.

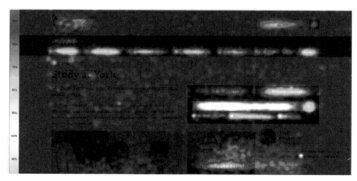

크레이지 에그를 이용한 사용자 행동 분석

믹스패널

믹스패널Mixpanel은 사용자 행동 분석에 초점을 맞춘 도구로, 사용자들이 웹사이트 또는 앱에서 어떻게 상호작용하는지 상세하게 분석할 수 있습니다. 또한 퍼널 분석을 통해 특정 목표를 달성하기까지 사용자가 거치는 단계를 파악하고, 그 과정에서 이탈하는 고객을 찾아낼 수 있습니다.

믹스패널을 이용한 사용자 행동 분석

마우스플로우

마우스플로우_{Mouseflow}는 웹사이트에서 실시간 사용자 행동을 추적하고 시각화하는 도구입니다. 히트맵_{Heatmaps}, 퍼널 분석_{Funnel analysis}, 폼 분석_{Form analytics} 등 다양한 기능을 제공하여 웹사이트에서의 사용자 행동과 트렌드를 이해하고 최적화할 수 있습니다.

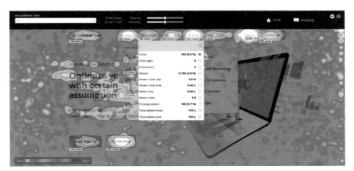

마우스플로우를 이용한 사용자 행동 분석

마지막으로, 이러한 퍼널별 이탈률을 줄이기 위해 퍼널별 프로모션을 디자인해주는 솔루션을 이용할 수 있습니다. 그중 하나로, 빅인_{Bigin} 같은 서비스가 있습니다. 이 서비스는 개인화된 프로모션을 제공하고 고객의 이탈을 막기 위한 다양한 전략을 제공해 줍니다.

CHAPTER 09

쇼핑몰 속도 최적화

— 1 —

쇼핑몰 속도 최적화가 필요한 이유

웹사이트의 로딩 속도는 고객의 경험에 영향을 미치고, SEO_{Search Engine Optimization}에도 중요한 요소입니다.

네이버 스마트스토어 혹은 카페24와 같은 서비스를 이용하는 분들은 해당이 없지만, 자체 솔루션을 사용하고 더불어 SAP과 같은 기간계 서비스_{기업을 경영하는 데 기간이 되는 업무(재무회계, 재고관리, 생산, 구매 등)를 전산화하여 관리하는 서비스}와 연동할 경우에는 웹사이트 성능에 관한 문제(예: 웹사이트 속도가 느림)가 생각보다 자주 발생합니다.

내부에 IT 담당자가 웹사이트 성능_{Performance}을 관리해주면 좋겠지만, 대부분 회사 내부에 서버 담당자를 두는 곳은 많지 않습니다. 그렇기 때문에 이커머스 팀 리더는 오퍼레이션 매니저 혹은 마케팅 매니저에게 사이트별 체크리스트 (다음 쪽 그림 '사이트별 성능 체크리스트' 참조)를 주간별로 보고를 요청하는 것이 바람직합니다. 특히 타사와 같이 비교해 우리 사이트의 현재 상태를 파악해 이를 IT 혹은 외부 서버관리 회사에 연락해 주기적인 응답 속도를 개선하고, 구글 가이드에 따라 웹사이트 속도를 최적화시키는 것도 필요합니다.

− 2 −

다양한 쇼핑몰 속도 최적화 방법

구글 페이지스피드 인사이트 활용

좋은 사용자 경험을 제공하기 위해, 구글과 같은 검색 엔진들은 로딩 속도가 빠른 웹사이트를 선호합니다. 따라서 이미지 최적화, CSS와 JavaScript의 최소화 및 병합, 브라우저 캐싱_{브라우저의 처리 속도를 빠르게 하는 방법} 활용 등을 통해 웹사이트의 로딩 속도를 최적화해야 합니다.

이외에도 서버 응답 시간 체크 및 서버 보안 기술(예: SSL) 등 전반적인 웹 퍼포먼스_{Web Performance, 웹 성능}를 체크하고 최적화하는 작업이 필요합니다. 이런 작업을 통해 소비자에게 쾌적한 쇼핑 환경을 제공할 수 있습니다.

구글 페이지스피드 인사이트_{Google Pagespeed Insight}에 들어가보면 자사 사이트뿐 아니라 경쟁사 사이트도 퍼포먼스 분석이 가능해 회사의 현황을 상대적으로 평가할 수 있고, 내부 설득과 커뮤니케이션에도 유리합니다.

[구글 페이지스피드 인사이트 링크] pagespeed.com.cn

사이트별 성능 체크리스트

CDN 활용

CDN_{Content Delivery Network}은 전 세계에 분산된 서버 네트워크를 이용해 웹사이트의 콘텐츠를 사용자에게 빠르게 전달하는 기술입니다. 사용자가 웹사이트에 접속하면 CDN은 사용자에게 가장 가까운 서버에서 콘텐츠를 제공합니다. 이로 인해 데이터 전송 시간이 단축되며, 트래픽 분산 효과로 서버 부하를 줄일 수 있습니다.

모바일 환경 최적화

대다수의 소비자들이 모바일 기기로 온라인 쇼핑을 하고 있습니다. 따라서 웹사이트는 모바일 환경에서도 원활하게 작동해야 하며, 모바일 사용자를 위한 사용성이 좋은 디자인이 필요합니다.

웹 퍼포먼스 측정 사이트

구글 페이지스피드 인사이트 외에도 웹 성능을 점검할 수 있는 다양한 도구가 있습니다.

■ 웹 퍼포먼스 측정 사이트 추천

GTmetrix (gtmetrix.com)
다양한 성능 지표를 제공하여 웹사이트의 속도를 분석하고 최적화할 수 있습니다. 다른 브라우저, 네트워크 속도, 여러 위치에서 사이트의 속도를 테스트할 수 있는 옵션이 있습니다.

- **웹사이트 속도 개선 전략**: GTmetrix는 정기적인 모니터링, GZip 압축 활성화, 이미지 최적화, 브라우저 캐싱 활용, HTTP 요청 최소화, CDN 사용 등 웹사이트 속도를 유지하고 개선하기 위한 다양한 전략을 제공합니다.

- **사용 방법**: GTmetrix 계정에 로그인하면 분석 옵션을 변경할 수 있으며, 캐나다 밴쿠버를 포함한 여섯 개 지역에 있는 30개의 테스트 서버를 사용할 수 있습니다.

Pingdom (tools.pingdom.com)

웹사이트의 가동 시간과 성능을 모니터링하는 비용 효율적이고 신뢰할 수 있는 도구입니다. 전 세계 70개 이상의 폴링 위치를 사용하여 고객의 웹사이트를 연중무휴 24시간 테스트하고 검증합니다.

- **성능 모니터링**: 웹사이트가 작동하는지 확인하는 것 외에도 모든 페이지의 모든 요소를 확인하여 최적의 사용자 경험을 보장합니다.
- **이용 편의성**: 사용자 친화적이며, 웹사이트의 성능과 신뢰성 문제를 해결하는 데 필요한 강력한 도구입니다.
- **사용 사례**: Pingdom은 웹 애플리케이션 성능을 모니터링하고 문제를 해결하는 데 도움을 주는 다목적 도구입니다.

WebPageTest (webpagetest.org)

원래 AOL의 패트릭 미난Patrick Meenan에 의해 2008년에 만들어진 이 도구는 현재 구글과 같은 주요 기술 회사의 지원을 받고 있습니다.

- **기능**: 웹사이트의 로드 시간, 렌더링 속도, 네트워크 사용 등을 포함한 종합적인 분석을 제공합니다.
- **성능 최적화**: 웹사이트의 성능 감사, 임시 성능 테스트, 최근에는 성능 프로토타이핑에 유용한 결과를 제공합니다. CI/CD 통합서비스의 개발, 테스트, 배포 과정을 통합하여 사용자에게 서비스를 빠르게 제공하는 방법 및 사용자 정의 대시보드를 WebPageTest API를 통해 지원합니다.
- **모던 웹 테스팅 표준**: 웹사이트의 성능을 지속적으로 모니터링하고 시간이 지남에 따라 성능을 향상시키는 데 필요한 도구 모음을 제공합니다.

CHAPTER 10

사업 계획하기

― 1 ―

목표 설정하기

 영업팀 최 상무

> 허 부장, 올해 본인 채널에서 빼먹은 매출이 얼마지? 자, 봐바. 자그마치 −16%야. 이게 말이 돼? 내가 영업을 맡은 이후로 이런 수치는 본 적이 없다고, 본 적이!

> 아무리 시장 상황이 안 좋다고 해도 말이지 이렇게 매출이 빠져도 되나? 회사가 장난 같나?

> 김 과장 어디 갔어? 곧 영업 회의 소집할 때니까 불러와. 허 부장 당신이 빼먹은 매출, 온라인에서 다 메꿀 거니까. 그 팀 내년에 사람 줄일 준비나 해. 알았어?

> 온라인 채널은 우리가 맘 먹으면 몇백 프로라도 성장할 수 있는 곳이잖아. 안 그래? 앞으로 오프라인에서 줄어든 매출은 모두 온라인으로 가니까 알아서들 하라고!

팀을 꾸리고 나서 사업을 계획하고 기획해야 합니다. 특히 전체적으로 온라인의 대한 이해도가 낮거나, 우호적이지 않은 조직에서는 사업 계획 발표를 통해 지원과 협력을 얻는 것이 필요합니다.

회사의 규모가 클수록 사업 계획 부분의 비중이 높습니다. 사업 계획에 따라 내년도 예산과 인력을 배정하고, 특히 판매 채널 간 매출 분배에 대한 계획을 수립하기 때문입니다.

특히 이커머스의 사업 계획은 데이터를 기반한 작성을 권장합니다. 이를 위해 다양한 데이터 취합 역시 중요하며, 고객 행동을 유추할 수 있는 데이터(예: 구글 애널리틱스 데이터)가 준비되어야 합니다. 정량적인 데이터가 배제된 상태에서 수립된 사업 계획은 아마도 현실적으로 도달할 수 있는 매출 금액을 넘어설 가능성이 높습니다.

어떤 기업은 매년 100% 이상의 성장률을 계획하기도 하며, 오프라인 판매 채널의 부족한 매출을 이커머스로 채우려는 곳도 많이 봤습니다. 비즈니스를 근거 없이 줄이거나 소극적으로 운영할 필요는 없지만, 객관적인 자료를 통해 이커머스 비즈니스가 성장할 수 있는 부분을 투명하게 공개하고 내부를 설득할 수 있어야 합니다. 그것이 이커머스 매니저가 가진 중요한 역할 중 하나입니다.

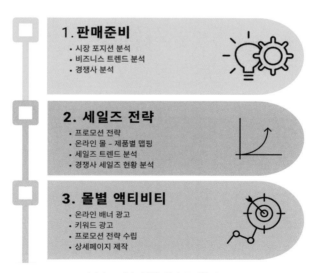

이커머스 사업 계획을 위해 준비할 것들

오프라인 채널은 사업계획 수립이 비교적 간단합니다. 매출 목표를 설정하기가 간단하고, 기존의 실적과 경험 데이터가 대부분 있는데다, 비즈니스의 급격한 변화가 적기 때문이죠. 반면에 이커머스는 사업계획을 세우기가 어렵습니다. 내부적인 기대와 희망을 충족하며, 시장의 변화에 따라 목표를 유동적으로 설정해야 하기 때문입니다.

정리하자면, 이커머스 사업계획을 세우기 위해서는 과거의 데이터와 앞으로의 변화 및 트렌드를 적절하게 배분해야 하며 이커머스 리더의 직관 역시 필요합니다. 그러나 이커머스 비즈니스는 예측하기가 어려우며, 예측했다고 하더라도 회사의 기대치와 차이가 큰 경우도 많습니다.

그래서 초반 사업계획은 기업의 의지와 목표를 반영하기보다 실제 시장환경과 동종 카테고리 및 경쟁사 매출 동향을 중심으로, 객관적이고 보수적인 판단을 하시는 것이 향후 성장 목표를 잡는 데 도움이 됩니다.

또한 이커머스는 고객 행동, 판매 통계, 웹사이트 트래픽 등의 데이터도 추적 및 분석이 가능합니다. 외부 데이터뿐 아니라 이러한 백데이터back data, 근거 자료를 함께 활용하여 목표를 설정하고, 목표 달성을 위한 전략을 개발한다면 더욱 효과적으로 목표를 수립할 수 있습니다.

아래에 목표 설정에 도움이 되는 백데이터를 제공하는 서비스를 소개해 드리겠습니다.

이커머스 관련 데이터 찾기

1. **공공 데이터 포털**: 공공 데이터 포털(data.go.kr)은 다양한 산업 분야에 대한 공공 데이터를 제공합니다. 특히 국내 이커머스 환경에 대한 다양한 정보를 찾을 수 있습니다.
2. **통계청**: 통계청(kostat.go.kr)은 분기마다 이커머스 동향 자료를 제공합니다. 분기별 자료를 통해 제품 카테고리별 성장률을 알 수 있어 사업계획 및 매출 목표

를 잡는 데 도움을 얻을 수 있습니다.

3. **국가통계포털**: 국가통계포털(kosis.kr)은 통계청에서 운영하는데, 국내 이커머스 시장에 대한 다양한 통계 데이터를 제공합니다. 이커머스 산업의 성장, 소비자 행동 변화 등에 대한 중요한 정보를 포함합니다.

4. **한국인터넷진흥원(KISA)**: 한국인터넷진흥원(kisa.or.kr)은 인터넷 및 이커머스 관련 다양한 연구 자료와 보고서를 제공합니다. 특히 온라인 쇼핑 및 이커머스 보안에 관한 데이터가 포함되어 있습니다.

5. **한국무역정보통신(KTNET)**: 한국무역정보통신(ktnet.com)에서 제공하는 무역 통계는 국내외 이커머스 시장의 무역 동향을 파악하는 데 유용합니다. 이는 국제 적인 이커머스 활동에 대한 인사이트를 제공할 수 있습니다.

6. **시장 연구 기관**: 닐슨Nielsen, 칸타Kantar, 이마케터eMarketer, 스태티스타Statista 등의 시 장 연구 기관은 다양한 산업에 대한 통계, 보고서, 트렌드 등을 제공합니다. 이커 머스에 관한 광범위한 정보를 얻을 수 있는데, 대부분의 보고서는 유료로 제공됩 니다.

7. **기업 보고서 및 연구 자료**: 특정 이커머스 플랫폼에서 제공하는 연간 보고서나 분기 보고서, 백서 등에서도 유용한 정보를 얻을 수 있습니다. 예를 들어 아마존, 이베이, 쿠팡 등의 공식 보고서는 그들의 성과와 트렌드에 대한 통찰력을 제공합 니다.

8. **소셜 미디어 및 구글 트렌드**: 소셜 미디어 분석 도구는 이커머스 트렌드와 소비 자 행동에 대한 통찰력 있는 정보를 제공합니다. 페이스북 인사이트Facebook Insights, 인스타그램 인사이트Instagram Insights, 트위터 애널리틱스Twitter Analytics 등이 그 예입니 다. 또한 구글 트렌드(trends.google.com)는 특정 키워드의 검색 트렌드를 파악 하는 데 유용합니다.

9. **웹 분석 도구**: 구글 애널리틱스, 시밀러웹SimilarWeb 등의 웹 분석 도구는 웹사이트 트래픽, 사용자 행동, 출처 등에 대한 중요한 데이터를 제공합니다. 이러한 통계 는 경쟁사 웹사이트의 성능을 파악하거나 자체 웹사이트의 성과를 분석하는 데 유용합니다.

10. **기타 커뮤니티**: 네이버 카페 혹은 카카오톡 오픈 채팅에서 관련 전문 자료들을 빠르게 공유하고 있습니다. 아래는 이커머스 관련 자료를 공유하는 카카오톡 오

픈채팅을 공유해 드립니다.

[이커머스 핫트렌드 & 뉴스방] open.kakao.com/o/gM88rtI

11. **전문 뉴스레터 서비스**: 정보로서 제공되는 뉴스레터를 받아보신 지 오래 되셨을 것 같습니다. 요즘은 이커머스 분야도 전문화된 뉴스레터(예: 폴인)도 있으니 이를 활용해 보시는 것도 정보를 얻는 데 도움이 됩니다.

[폴인 홈페이지] folin.co

12. **eCommerceDB**: eCommerceDB(ecommercedb.com)는 전 세계 이커머스 시장에 대한 심층적인 데이터와 분석을 제공합니다. 매출, 사용자 수, 시장 점유율 등의 중요 지표들을 다룹니다.

13. **Digital Commerce 360**: Digital Commerce 360(digitalcommerce360.com)은 이커머스 산업에 대한 광범위한 보고서와 통계를 제공합니다. 특히 미국 및 글로벌 이커머스 시장에 대한 데이터가 풍부합니다.

14. **Forrester**: Forrester(forrester.com)는 이커머스 및 디지털 마케팅 분야에 대한 포괄적인 연구와 보고서를 제공합니다. 시장 동향, 소비자 행동, 기술 변화 등에 대한 깊은 통찰력을 얻을 수 있습니다.

데이터를 찾았으면 목표 설정 단계의 절반을 넘은 셈입니다. 이제 목표를 하나씩 작성해 나가볼까요?

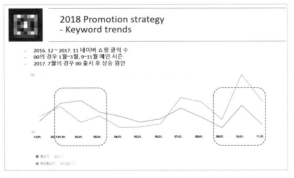

데이터를 기반한 프로모션 전략 예시

고객 경험 중심의 목표 설정

고객 경험을 개선하는 것이 이커머스 성공의 핵심 요소 중 하나입니다. 사이트 내부의 이탈 원인을 찾고, 이를 개선함으로써 구매 전환율을 끌어올릴 수 있습니다. 이를 위해 사이트 내 검색, 필터, 제품 정보, 결제 프로세스 등 고객이 사이트를 이용하는 모든 단계를 고려해야 합니다. 이는 비즈니스도 개선을 할 수 있지만 직원들에게 창의적인 업무를 정량적으로 평가할 수 있는 기준도 마련해 줍니다.

Key Strategy	Initiative Asset				
Sales and marketing target achieve	Sales target	MAU target	Member amount	Sales forecast	Market share %
Strengthen consumer loyalty	Execlusive model	Custom Order +	New Project	Customer satification activity	Reduce Bounce %
Strengthen consumer experience	Marketing Promotion	Sales conversion%	Sales / Promotion plan	New Service	Membership program

데이터를 기반한 프로모션 전략 세우기

고객 경험 목표 설정을 통한 성과 사례

* **아마존의 1-Click 주문**: 아마존은 이커머스에 '1-Click' 주문이라는 개념을 도입한 것으로 유명합니다. 이 기능을 통해 고객은 주문과 결제 과정을 한 번의 클릭으로 간단하게 완료할 수 있습니다. 이는 아마존의 고객 경험 개선에 대한 끊임없는 노력의 결과로, 이를 통해 사이트의 전환율을 크게 높일 수 있었습니다.

* **워비 파커의 가상 피팅**: 안경·선글라스·콘텍트 렌즈 소매업체인 워비 파커Warby Parker 는 고객이 자신의 얼굴에 안경을 가상으로 맞춰볼 수 있는 'Virtual Try-On' 기능을 제공합니다. 이로써 고객들이 온라인으로 안경을 구매할 때 가장 큰 문제점 중 하나인 '실제로 어떻게 보일지 모른다'는 문제를 해결하였습니다.

* **자포스의 무료 배송 및 반품**: 신발 및 의류 소매업체인 자포스Zappos는 무료 배송 및 반품 정책을 통해 고객의 결정 과정에 대한 부담을 줄이고, 구매에 대한 만족도를 높이는 데 성공했습니다. 이 정책은 고객들로부터 큰 호응을 얻었으며, 결국 회사의 성공에 기여하였습니다.

변화와 혁신에 대한 목표 설정

이커머스 환경은 빠르게 변하고 있습니다. 새로운 기술, 경쟁사의 전략, 고객의 소비 행동 등이 빠르게 변화하므로 회사의 이커머스 목표는 이러한 변화와 혁신을 수용하고 적응할 수 있는 방향으로 설정되어야 합니다. 이를 위해 변화에 유연하게 대응할 수 있는 조직문화를 갖추고 팀을 구축하는 것이 중요합니다. 물론 이 목표는 단기간에 이루기는 어렵습니다. 하지만 오프라인 비즈니스와 달리, 이커머스는 혁신이 없으면 지속적인 성장이 어려우므로 팀 목표에 혁신에 대한 목표를 개인별로도 포함하는 것이 좋습니다.

팀의 성장을 위한 목표 설정

세일즈 포커스와 브랜딩 및 마케팅 포커스 외에도, 이커머스 팀 자체의 성장과 발전을 목표로 설정하는 것도 중요합니다. 팀의 역량을 향상시키고, 이커머스 분야의 최신 트렌드와 지식을 업데이트하는 것은 이커머스 전략의 성공을 위해 꼭 필요합니다. 이는 팀원 개개인의 역량 개발, 학습과 훈련의 기회 제공, 지식 공유 등을 통해 달성할 수 있습니다(예: 분기에 한 번씩 팀원별 이커머스 트렌드 발표, 외부 전문 교육 이수 후 내부 팀원들과 토론).

이렇게 다양한 관점에서 목표를 설정하고 전략을 수립하면 이커머스의 성공에 도움이 될 것입니다. 이 과정에서 중요한 것은 모든 목표와 전략이 회사의 핵심 가치와 비전과 일치해야 하며, 이를 향해 꾸준히 노력해 나가는 것입니다.

– 2 –

시장 환경 분석

경쟁사 매출 동향, 시장 점유율, 세일즈 트렌드, 유통 채널별 판매 현황 등에 종합적인 데이터 취합이 완료되었으면 이제 시장 환경을 분석할 차례입니다.

경쟁사 분석

경쟁사 분석은 필수적인 요소지만 관련 데이터를 찾기가 어려울 수 있습니다. 이럴 때 가장 좋은 방법은 GfK, 닐슨Nielsen과 같은 공신력 있는 시장분석 전문업체를 통해 데이터 취합을 하는 것입니다. 이 방법으로 전반적인 비즈니스 모델별 세일즈 트렌드와 시장 점유율을 확인하고, 경쟁사의 전략과 시장 포지션을 벤치마킹할 수 있습니다.

만약 이런 자료가 취합이 어렵다면, 영업사원을 통해 유통사의 자료를 취합하는 방법도 있습니다. 다만 이 방법은 전체 데이터를 받기가 어렵고, 인위적으로 수정되거나 편의에 따라 변경될 수 있는 여지가 있어, 데이터의 신뢰도가 낮아지는 단점이 있습니다.

경쟁사를 분석하는 또 다른 방법은 네이버 스마트스토어의 판매량 측정을 통해 매출을 예상하는 것입니다. 스마트스토어 셀러 및 인기 키워드 분석 플랫폼인 아이템스카우트(https://itemscout.io/)를 통해 분석을 원하는 스마트스토어의 매출을 추정해 볼 수 있습니다. 다만 주의할 점이 있습니다. 스마트스토어 매출 비중이 높은 곳이면 괜찮지만 매출 비중이 낮은 곳은 전체 매출을 추정하기 어려울 수 있습니다.

경쟁사의 매출 데이터 원본을 보지 않는 이상 100% 정확한 자료를 취합하기는 어렵지만 어떤 형태로든 취합해 예상을 해야 합니다. 경쟁사의 매출 동향이야말로, 내부에 설득을 이끌어 내기에 가장 좋은 데이터이기 때문입니다.

유저 프로필 분석

외부몰을 운영한다면 유저 프로필을 취합하는 것이 제한적이지만, 자사몰을 운영하는 경우에는 구글 애널리틱스와 같은 툴을 통해 유저 프로필을 자세하게 분석할 수 있습니다.

유저 프로필을 잘 활용하면 사업 계획을 수립하는 데 유용한 인사이트(예: 우리 고객이 어떤 취향과 성향을 가지고 있는지)를 도출할 수 있고, 이를 통해 구체적인 비즈니스 전략(특히 고객을 다양한 유형으로 구분하여 집중력을 높이는 세그먼트 전략)을 펼칠 수 있습니다.

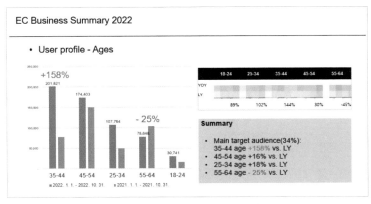

유저 프로필 분석 예시 – 연령대별 연간 이용자수

판매 가격 파악

시장의 가격 범위에서 우리가 차지하는 포지션 또는 전략적으로 진입할 포지션에 대해 대응합니다. 가격의 분포도를 배치하다 보면, 우리가 가져가야 할 포지션 전략이 보이거나, 경쟁사 대응 전략을 찾을 수 있습니다.

대부분 시장 가격은 영업사원이나 이커머스 담당자가 알고 있을 가능성이 높으므로, 이들과 논의하여 가격 리스트를 작성하고 대응책을 찾기를 추천합니다.

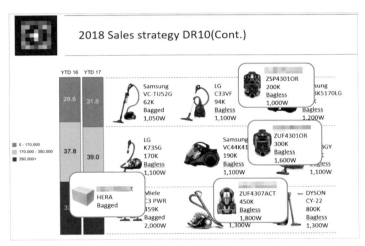

판매 가격 파악 예시

경쟁사 제품과 비교 분석

시장 가격을 정했다면 동일 가격대의 제품과 포지션이 같은 경쟁사와 자사 제품을 비교 분석하는 전략입니다. 우선 자사와 경쟁사의 SWOT(강점, 약점, 기회, 위기)을 분석해 봅니다. 이후 자사 제품과 1:1 비교 분석을 하여 판매 전략을 구체화합니다.

– 3 –

프로모션 전략

기업은 매년 프로모션 전략을 수립합니다. 온라인 플랫폼 회사에서 이직한 직원들이 일반 기업의 프로모션 진행에 대해 어려워하는 것을 종종 보았습니다. 온라인 기업의 특성상 연간 프로모션을 준비하기보다는 당월, 해당 주에 프로모션을 업데이트하는 경우가 많고, 실제로 연간 계획을 세웠어도 프로모션 일정이 변경되는 경우도 빈번하게 일어납니다. 하지만 이렇게 프로모션 계획이 수정된다 해도 연간 프로모션 계획을 잡는 것이 효율적입니다.

연간 프로모션 계획 수립에는 장점이 많습니다. 우선 판매할 제품의 물량을 사전에 확보할 수 있으며, 프로모션 진행의 충돌을 줄이고 다른 채널 판매자와 사전에 협의를 구하기 쉽습니다. 쉽게 말해 다음 주에 당장 특정 프로모션을 진행한다고 협의할 때와 일년 뒤에 있을 프로모션을 사전에 협의할 때 소통의 온도가 다릅니다.

외부몰 중심으로 진행하는 경우에는 온라인몰 MD들에게 연간 프로모션 일정을 사전에 받는 것도 방법입니다. 작은 프로모션 계획은 잡히지 않았을 가능성이 높지만, 외부몰별 연간 빅 프로모션 일정은 일정한 수립이 가능합니다.

온라인 프로모션은 가격 중심의 전략이 많습니다. 일시적으로 가격을 내리는 형태 혹은 핫딜(최저가)로 진행하는 형태가 대부분인데요. 그렇다 보니 내부 설득이 어렵고, 이커머스 프로모션도 이와 같은 형식이라고 오해하여 '전략이라고는 가격을 내리는 것뿐'이라는 색안경을 끼고 보는 사람들이 많습니다.

하지만 실제로 이커머스 프로모션 전략은 다양합니다. SNS나 메일 등 다채널을 이용한다거나 유저 프로필 혹은 백데이터를 활용하여 고객을 세분화하고 관심사에 따라 제품을 추천할 수도 있습니다. 좀 더 자세한 내용은 다음 소개하는 프로모션 전략들을 참조해 보시길 바랍니다.

다채널 프로모션 전략

한 가지 채널만을 이용한 프로모션은 한계가 있습니다. 다양한 고객층이 각기 다른 플랫폼을 사용하고, 정보를 얻는 방식 또한 다양하기 때문입니다. 따라서 SNS, 이메일, 웹사이트, 모바일 앱 등 다양한 채널을 통해 프로모션을 진행하는 전략이 필요합니다. 이는 고객층을 더 넓게 확장하고, 고객과의 접점을 늘려 전환율을 향상시킬 수 있습니다.

> **사례** **유니클로의 다채널 프로모션 전략**
>
> 일본의 패션 브랜드인 유니클로는 다채널 프로모션 전략을 효과적으로 활용한 사례로 꼽힙니다. 유니클로는 다양한 채널을 통해 고객들과 교류하며 고객 경험을 향상시킵니다.
>
> 1. **SNS**: 유니클로는 인스타그램, 페이스북, X(옛 트위터) 등의 SNS를 통해 다양한 프로모션 정보를 전달합니다. 각 SNS에는 신제품 출시 정보, 특별 할인 정보, 패션 스타일링 정보 등 다양한 콘텐츠가 게시되어 고객들의 관심을 끌고 구매로 이어지도록 유도합니다.
> 2. **이메일**: 유니클로는 이메일 뉴스레터를 통해 고객들에게 최신 소식을 제공합니다. 이메일은 개인화된 메시지를 전달하는 효과적인 도구로, 고객의 관심사에 따른 맞춤형 정보를 제공하거나 특별한 할인 혜택을 공유하는 등의 활용이 가능합니다.
> 3. **웹사이트 및 모바일 앱**: 유니클로의 웹사이트와 모바일 앱은 실시간 판매 정보, 재고 상태, 새로운 프로모션 정보 등을 제공하는 중요한 채널입니다. 특히 모바일 앱에서는 사용자의 위치 정보를 활용하여 가까운 매장의 할인 정보를 전달하는 등 고객에게 맞춤형 정보를 제공합니다.

이러한 다채널 프로모션 전략을 통해 유니클로는 고객과의 접점을 다양화하고, 고객 경험을 향상시킴으로써 브랜드 충성도를 높이고 구매율을 증가시키는 성과를 이루어냈습니다.

타겟팅 기반 프로모션 전략

고객의 구매 이력, 클릭 이력, 이용 행태 등의 데이터를 분석하여 각 고객에게 가장 효과적인 프로모션 메시지를 제공하는 것입니다. 이는 개인화된 경험을 제공하므로 고객 만족도를 높이고, 재구매율을 증가시킵니다.

사례　　**타겟팅 기반 프로모션 전략**

1. **아마존**: 아마존은 고객의 구매 이력, 클릭 이력, 검색 행태 등의 데이터를 분석하여 개인화된 제품 추천 및 프로모션 메시지를 제공하는 대표적인 사례입니다. 이를 통해 고객은 자신의 관심사에 맞는 제품을 쉽게 찾을 수 있으며, 아마존은 재구매율 및 고객 만족도를 높일 수 있었습니다. 이러한 개인화 전략 덕분에 아마존은 35%의 매출이 추천 시스템에서 생성된다고 보고하였습니다.

2. **넷플릭스**: 넷플릭스는 사용자의 시청 이력과 선호도를 기반으로 개인화된 콘텐츠 추천을 제공합니다. 이는 사용자가 관심 있을 만한 새로운 쇼와 영화를 쉽게 발견하도록 돕습니다.

3. **스타벅스**: 스타벅스는 고객의 구매 이력과 위치 데이터를 활용하여 맞춤형 모바일 프로모션을 제공합니다. 예를 들어 특정 지역의 날씨에 맞는 음료를 추천하거나, 고객이 자주 방문하는 지점의 특별 할인 정보를 제공합니다.

4. **세포라**: 세포라Sephora는 고객의 구매 이력과 뷰티 선호도를 분석하여 맞춤형 화장품 추천과 프로모션을 제공합니다. 이를 통해 고객은 자신의 피부 타입과 색상 선호도에 맞는 제품을 쉽게 찾을 수 있습니다.

■ 초개인화 마케팅의 성장

초개인화 마케팅은 고객의 데이터를 심층적으로 분석하여 맞춤형 경험을 제공하는 것을 의미합니다. 이는 단순히 제품 추천을 넘어서, 고객의 생활 방식, 선호, 그리고 기대를 반영하는 더욱 세밀하고 개인적인 성향을 포함합니다.

*   **데이터 활용**: 구매 이력, 온라인 행동, 소셜 미디어 활동, 위치 데이터 등을 포괄적으로 분석합니다.

*   **고도의 맞춤화**: 고객에게 개인적으로 의미 있는 메시지와 제안을 제공합니다. 예를 들어 특정 고객의 라이프스타일에 맞는 제품 세트를 제안하거나, 개인의 취향에 맞춘 콘텐츠를 생성합니다.

*   **실시간 대응**: 실시간 데이터 분석을 통해 고객의 현재 상황과 필요에 즉각적으로 반응합니다. 예를 들어 고객이 앱을 사용하는 동안에 위치 기반 서비스를 통해 가까운 매장의 특별 할인 정보를 제공합니다.

사례

*   **스포티파이**: 스포티파이Spotify는 사용자의 음악 청취 이력을 분석하여 개인화된 플레이리스트를 제공합니다. 예를 들어 'Discover Weekly'는 사용자의 음악 취향에 맞춰 매주 새로운 음악을 추천합니다. 이러한 개인 맞춤형 추천은 사용자 경험을 개선하고, 사용자의 브랜드 충성도를 높이는 데 기여합니다.

*   **나이키**: 나이키는 고객의 운동 및 활동 데이터를 활용하여 개인에 맞는 운동복과 운동화를 추천합니다. 나이키의 모바일 앱을 통해 고객은 자신의 운동 스타일과 선호에 맞는 제품을 찾을 수 있으며, 이는 구매 결정에 큰 영향을 미칩니다.

*   **코카콜라 'Share a Coke' 캠페인**: 코카콜라는 'Share a Coke' 캠페인을 통해 소비자의 이름을 캔이나 병에 인쇄하여 제공합니다. 이는 각 소비자에게 개인적인 연결감을 제공하고, 소셜 미디어에서의 공유를 활성화합니다.

*   **아마존 프라임 비디오**: 아마존 프라임 비디오Amazon Prime Video는 사용자의 시청 이력을 분석하여 영화 및 TV 프로그램 추천을 제공합니다. 이는 사용자에게 맞춤형 엔터테인먼트 경험을 제공하며, 사용자의 만족도와 서비스 이용률을 높이는 데 기여합니다.

계절성을 고려한 프로모션 전략

특정 제품이나 서비스는 계절성이 존재합니다. 예를 들어 여름철에는 에어컨이나 선크림, 겨울철에는 히터나 겨울 의류 등이 대표적입니다. 계절성을 고려하여 연간 프로모션 계획을 세우는 것이 중요합니다.

> **사례** **계절성을 고려한 프로모션 전략 – 스타벅스**
> 스타벅스는 계절성을 고려한 프로모션 전략을 효과적으로 실행하는 기업입니다. 특히 겨울철에는 '홀리데이 시즌'을 기획하고, 이 기간 동안 크리스마스 테마의 음료, 디저트, 머그 등을 판매합니다. 또한 여름철에는 시원한 프라푸치노나 아이스 커피 등의 메뉴를 활성화시키며, 계절성을 고려한 프로모션을 통해 매출을 극대화합니다.

협업 기반 프로모션 전략

다른 브랜드나 산업과 협력하여 새로운 고객층을 타겟으로 하는 프로모션을 계획할 수 있습니다. 이를 통해 기존 고객에게 새로운 제품이나 서비스를 제공하고, 새로운 고객을 유입시킬 수 있습니다.

> **사례** **협업 기반 프로모션 전략 - H&M과 모스키노**
> 패션 브랜드 H&M은 고급 패션 브랜드인 모스키노Moschino와 협력하여 한정판 컬렉션을 출시하는 프로모션을 진행했습니다. H&M은 모스키노의 고급 브랜드 이미지를 얻고, 모스키노는 H&M의 대중적인 시장에 진입할 수 있었습니다. 협업 전략을 통해 두 브랜드 모두 새로운 고객층을 타겟으로 하는 프로모션을 성공적으로 수행하였습니다.

콘텐츠 마케팅 기반 프로모션 전략

고객이 구매 결정을 내리기 위해서는 충분한 정보가 필요합니다. 이를 위해 제품이나 서비스에 대한 자세한 설명, 리뷰, 사용 방법 등의 콘텐츠를 제공하는 것이 중요합니다. 이러한 콘텐츠는 고객의 제품에 대한 이해를 돕고 구매 결정을 빠르게 이끌어냅니다.

사례　**콘텐츠 마케팅 기반 프로모션 전략 – 세포라**

화장품 브랜드 세포라Sephora는 제품 사용 방법, 메이크업 튜토리얼, 고객 리뷰 등 다양한 콘텐츠를 통해 고객의 제품에 대한 이해를 돕고 구매를 유도하는 전략을 사용합니다. 세포라의 웹사이트와 유튜브 채널에는 수많은 메이크업 튜토리얼과 제품 리뷰가 게시되어 있으며, 이를 통해 고객은 제품에 대한 심도 있는 정보를 얻고 구매 결정을 내릴 수 있습니다.

기간	몰	내용	행사적용	프로모션
3월	GS	창립기념 프로모션	미정	- ZB3323BO 479K, ZB3106AK 199K
3월	LOTTE I	무한가전 시즌행사	적립금 & 청구할인 10%	- ZB3311 379K (최종), ZSP4301OR 179K
4월	LOTTE I	창립기념 프로모션	미정	- 헤라런칭 프로모션, ZUF4301OR 279K
4월	LOTTE.	창립기념 프로모션	미정	- ZB3311 379K, ZB5022 399K
5월	GS	가전 빅프로모션	적립금 & 청구할인	-EBR9804S 379K + JUG
7월	CJ	창립기념 프로모션	적립금	-EBR780S 119K, EBR9804S 379K + JUG
9월	LOTTE I	무한가전 시즌행사	적립금 & 청구할인 10%	- 쉬바 런칭 프로모션
10월	GS	코리아 세일 페스타	적립금 & 청구할인	- 울트라 플렉스 런칭 프로모션
10월	H	블랙프라이데이	적립금	- 미니블렌더 런칭 프로모션
10월	SSG	코피아세일페스타	할인	- 미니블렌더 런칭 프로모션
11월	11ST	11.11 프로모션	대표상품 할인 최대 50%	- 대표상품 제안 -로봇청소기 1,290K -SHIVA 10% DC -ZB3323BO 459K -NEW ULTRAFLEX 10% DC
11월	CJ	블랙위크	대표상품 할인	- MINI BLENDER 15% DC 프로모션
11월	LOTTE I	롯데 블랙 페스타	적립금 & 청구할인	- ZB3106AK 199K - ZB3320P 399K
11월	SSG	창립기념 프로모션	청구할인	- ZB3113AK 329K
12월	H	창립기념 프로모션	미정	- NEW ULTRAFLEX + COFFEE MAKER

콘텐츠 마케팅 기반 프로모션 전략 예시

— 4 —

매출 목표

매출 목표 설정

매출 목표 설정은 전략적인 접근이 필요한데, 주로 탑다운Top-down 방식과 바텀업Bottom-up 방식으로 나뉩니다. 탑다운 방식은 경영진이 전체적인 목표를 설정하고 각 부서가 이를 따르는 방식이며, 반면에 바텀업 방식은 각 부서가 자신들의 성과를 바탕으로 목표를 설정하고 이를 통해 전체 목표를 도출하는 방식입니다. 예를 들어 바텀업 방식으로 매출 목표를 설정한다면, 외부의 관련 데이터를 근거로 내부 이해관계자를 설득하는 것이 유리합니다.

다음으로, 성장률에 대한 목표 설정을 어떻게 해야 할지 고민해봅시다. 회사 전체 성장 목표가 10%이고, 통계청에서 발표된 '전자상거래(이커머스) 동향' 내부의 우리 회사의 카테고리 성장률이 8.5%이며, 내부 임원들은 30% 이상의 성장을 기대하고 있다고 생각해보겠습니다. 이럴 경우에 이커머스 담당자는 어떤 수준의 매출 목표를 설정해야 할까요?

기존의 언급했던 데이터 수집을 한 내용으로 작성해야 합니다. 우선 이커머스의 목표 설정은 통계청 자료를 기준으로 고려하는 것이 좋습니다. 자료의 설득력을 높이고자 한다면 타사 사례와 해외의 비즈니스 트렌드, 경쟁사의 성장률 등을 추가하는 것이 좋습니다.

성장률 목표 설정 관련 데이터 수집 예시
- 코코상회, 2030년도 연 성장률 목표 10%
- 통계청, 2030년도 이커머스 동향 내 자사 카테고리 연간 성장률 8.5%
- 내부 임원들의 매출 기대치 30%
- 경쟁사의 매출 성장률 19%
- 영국 동일 카테고리 연평균 비즈니스 성장률 11%

이런 데이터를 기반으로, 우리는 목표 매출 성장률을 제안하는 것에 대해 심도 있게 고민할 필요가 있습니다. 각 수치의 중요성을 이해하고, 이를 토대로 상황에 맞는 매출 목표를 설정하는 것이 중요합니다. 또한 이를 내부 이해관계자에게 명확하게 설명하고, 그들의 의견을 반영하는 것도 중요합니다. 이를 통해 기업 전체의 동기부여와 성장을 뒷받침할 수 있습니다.

스마트한 목표 설정

매출 목표는 구체적이고 측정 가능하며, 도달 가능하고, 현실적이며, 기한이 명확SMART-Specific, Measurable, Achievable, Realistic, Time-bound-해야 합니다. 이렇게 설정된 목표는 성과를 측정하고 달성 여부를 파악하는 데 도움이 됩니다.

- **Specific(구체적인)**: 목표는 구체적이어야 합니다. '매출을 늘리겠다'라는 목표는 너무 모호합니다. 그보다는 '다음 분기 매출을 10% 증가시키겠다'는 목표가 바람직합니다.
- **Measurable(측정 가능한)**: 목표는 측정 가능해야 합니다. 목표 달성 여부를 확인할 수 있는 기준을 설정해야 합니다. 예를 들어 '매출 증가는 어떻게 측정할 것인지', '몇 퍼센트나 증가시켜야 성공으로 간주할 것인지' 등이 명확해야 합니다.
- **Achievable(도달 가능한)**: 목표는 현실적으로 도달 가능해야 합니다. 예를 들어 자원이나 시장 상황을 고려하지 않고 무리하게 목표를 설정하면 팀의 동기를 저하시킬 수 있습니다.
- **Relevant(현실적인)**: 목표는 우리의 비즈니스 전략과 연계되어야 합니다.

- **Time-bound(기한이 명확한)**: 모든 목표에는 명확한 기한이 있어야 합니다. 예를 들면 '다음 분기에 매출을 10% 증가시키겠다'는 목표가 바람직합니다.

한 가지 사례를 소개하자면, 구글의 OKR_{Objectives and Key Results} 시스템은 SMART 목표 설정 원칙에 따라 만들어진 것입니다. 구글은 구체적인 목표_{Objectives}와 이를 달성하기 위한 핵심 결과_{Key Results}를 설정하여 조직 전체의 방향성을 제공하고, 개인의 업무 성과를 측정합니다. 이 원칙으로 구글은 빠른 성장을 경험하고 일관된 진행 방향을 유지할 수 있었습니다. 그리고 구글 직원들은 자신의 역할이 회사 전체 목표에 어떻게 연결되는지 이해하고, 개인의 목표를 달성하는 데 도움을 얻었습니다.

효과적인 목표 관리

1. **실행 계획 수립**: 목표를 달성하기 위한 구체적인 실행 계획을 수립하는 것이 중요합니다. 이는 목표 달성을 위한 단계별 작업, 필요한 자원, 관련 부서 또는 팀의 역할 분담 등을 명확히 포함해야 합니다.

2. **지속적인 모니터링과 평가**: 설정된 목표에 대한 정기적인 모니터링과 평가를 통해 진행 상황을 파악하고 개선할 부분이 생길 경우 빠르게 업데이트를 합니다. 이를 통해 목표 달성에 발생할 수 있는 문제점을 빠르게 파악이 가능합니다.

3. **내부 커뮤니케이션 강화**: 조직의 이해와 동기부여를 위해 효과적인 내부 커뮤니케이션을 강화할 필요가 있습니다. 목표의 중요성, 달성 방법 및 조직에 미치는 영향에 대해 명확히 소통함으로써 직원들의 지속적인 동기부여와 목표 달성을 위한 열정을 일으킬 수 있어야 합니다.

4. **유연하게 접근**: 시장 상황의 변화, 내부 리소스의 변동 등에 목표를 유연하게 조정할 수 있고, 이를 내부적으로 설득할 수 있어야 합니다.

− 5 −

손익 계산

손익 계산서_{Profit&Loss(P&L) Statement}는 비즈니스의 재무 상태를 가장 잘 나타내는 재무 문서 중 하나입니다. 이는 비즈니스의 수익성을 파악하고, 비용을 관리하며, 장기적인 비즈니스 전략을 수립하는 데 필요한 중요한 도구입니다. 이는 특히 이커머스와 같이 복잡한 비용 구조를 가진 비즈니스에서 매우 중요합니다.

더불어 손익 계산서는 투자자, 이해관계자, 은행 등 외부 이해관계자에게 회사의 재무 성과를 보여주는 주요 도구이기도 합니다. 따라서 손익 계산서를 정확하게 관리하고 작성하는 것은 비즈니스 성공을 이끄는 결정적인 요소입니다.

회사마다 손익을 계산하는 기준과 요구 수준이 다르긴 하지만, 이커머스는 작은 회사를 운영하는 것과 동일한 비즈니스 구조를 가집니다. 그렇기 때문에 스스로 P&L을 계산하고 관리하는 습관을 기르는 것이 좋습니다.

모든 비즈니스가 마찬가지지만 최종적으로 영업이익_{EBIT}은 어느 정도 나오는지 파악되어야 합니다. 이 숫자가 기반으로 되어야 투자 규모를 정할 수 있습니다. 특히 외국계 같은 글로벌 회사는 P&L만 본다고 해도 과언이 아닐 정도입니다.

특히 워런티 및 물류비 등은 각 부서 팀장들에게 구체적으로 문의해서 기록해야 합니다. 인건비 관련 기준은 HR과 상담하고, 마케팅 비용은 함께 운영하는 에이전시에 도움을 받습니다.

이커머스 팀 리더라면 P&L을 반드시 작성해봐야 합니다. 왜냐하면 이커머스는 팀 특성상 전 지원부서의 도움이 필요하며(이 도움도 다르게 말하면 인건비이기 때문이고), 기술 투자부터 팀 인건비까지 상대적으로 관리해야 하는 비용이 매우 복잡한 비즈니스이기 때문입니다.

PRODUCT DRIVEN COST	0	2022	2023	2024	2025	2026	2031
Standard Cost	Unit						
A STD	[KRW]	20,419	34,514	41,811	51,244	61,659	108,665
B STD	[KRW]	1,902	2,143	2,597	3,183	3,829	6,749
C STD	[KRW]	5,529	4,464	5,408	6,628	7,975	14,055
D STD	[KRW]	7,380	34,929	73,306	153,987	181,950	320,659
TITU/Pre-owned STD	[KRW]	-	-	-	-	-	-
E STD	[KRW]	-	-	15,767	34,102	54,495	96,039
Jack WolfSkin std. STD	[KRW]	-	-	-	-	-	-
LOCAL COGS	Unit	0	0	0	0	0	0
A warranty cost as % of Net sale	0	0.0%	0.0%	0.0%	0.0%	0.0%	0.0%
B warranty cost as % of Net sale	0	0.0%	0.0%	0.0%	0.0%	0.0%	0.0%
C warranty cost as % of Net sale	0	0.0%	0.0%	0.0%	0.0%	0.0%	0.0%
D cost as % of Net Sale	0	0.0%	0.0%	0.0%	0.0%	0.0%	0.0%
E as % of Net sale	0	0.0%	0.0%	0.0%	0.0%	0.0%	0.0%
F as % of Net sale	0	0.0%	0.0%	0.0%	0.0%	0.0%	0.0%
G % of Net sale	0	0.0%	0.0%	0.0%	0.0%	0.0%	0.0%
0	0	0	0	0	0	0	0
MARKETING & SALES COST	0	*37,600*	*102,102*	*161,333*	*196,667*	*214,933*	*295,752*
SALES BUILDING	Unit	0	0	0	0	0	0
Sales building spending	[KRW]	35,200	81,533	137,667	168,333	181,933	252,739
SEM/SEO	[KRW]	0	-	-	-	-	-
Digital Advertising	[KRW]	11,200	30,200	76,000	106,667	120,267	176,711
Digital agency fees	[KRW]	8,000	10,000	12,000	12,000	12,000	17,632
Digital Asset(Product images, PDP)	[KRW]	11,600	16,933	18,600	18,600	18,600	27,330
Photo	[KRW]	-	20,000	26,667	26,667	26,667	26,667
Website operating cost	[KRW]	4,400	4,400	4,400	4,400	4,400	4,400
Other Brand buidling on digital	[KRW]						
Sales building cost / net sales %	0	0.0%	0.0%	0.0%	0.0%	0.0%	0.0%
IN STORE - E STORE MARKETING	Unit						
In Store - E Store marketing spending	[KRW]	0	10,333	10,333	11,667	11,667	11,667
Retail website production and content	[KRW]	0	8,333	8,333	8,333	8,333	8,333
Distribute content to retailer sites	[KRW]	0	2,000	2,000	3,333	3,333	3,333
In Store - E Store marketing spending / net sales %	0	0.0%	0.0%	0.0%	0.0%	0.0%	0.0%
SALES DRIVING COST	Unit						
Sales driving cost	[KRW]	2,400	10,236	13,333	16,667	21,333	31,346
Giveaway	[KRW]	2,400	10,236	13,333	16,667	21,333	31,346
Sales driving cost / net sales %	0	0.0%	0.0%	0.0%	0.0%	0.0%	0.0%
OTHER MARKETING COST	Unit	0	0	0	0	0	0
Other Marketing cost	[KRW]	0	0	0	0	0	0
Other Marketing cost	[KRW]	0	0	0	0	0	0
Other Marketing cost / net sales %	0	0.0%	0.0%	0.0%	0.0%	0.0%	0.0%
ORGANIZATIONAL COST	Unit	0	0	0	0	0	0
Total Digital resources	[KRW]	24,667	59,933	90,333	111,987	139,400	96,667
Number of FTE	[Units]	0	0	0	0	0	**0**
Average cost / FTE	[KRW]	4,444	4,647	4,858	5,080	5,311	3,333
Marketing RESOURCES - DIGITAL	Unit	-	-	-	-	-	-
Marketing resources - digital	[KRW]	14,000	19,520	30,600	37,333	44,587	30,000
Number of FTE	[Units]	0	0	0	0	0	0
Average cost / FTE	[KRW]	4,667	4,880	5,100	5,333	5,573	3,333
SALES RESOURCES - DIGITAL	Unit	-	-	-	-	-	-
Sales resources - digital	[KRW]	10,667	33,440	52,440	67,027	82,853	53,333
Number of FTE	[Units]	0	0	0	0	0	0
Average cost / FTE	[KRW]	5,333	5,573	5,827	6,093	6,373	3,333
OPERATION RESOURCES - DIGITAL	Unit	-	-	-	-	-	-
Operation resources - digital	[KRW]	-	6,973	7,293	7,627	11,960	13,333
Number of FTE	[Units]	0	0	0	0	0	0
Average cost / FTE	[KRW]	3,333	3,487	3,647	3,813	3,987	3,333

P&L 시트(손익 계산서) 예시

손익 계산 시 주의해야 할 사항

- **매출의 정확한 파악**: 매출은 회사의 주요 수입을 나타냅니다. 이는 판매된 제품 및 서비스의 총 금액에서 반환 및 할인을 차감한 순매출로 계산해야 합니다.

- **비용의 세분화**: 비용은 고정비용과 변동비용으로 나눌 수 있습니다. 고정비용은 임대료, 급여 등과 같이 비즈니스 운영과 관계없이 지출되는 비용을 말하며, 변동비용은 원재료 비용, 직접 노동비용 등과 같이 제품이나 서비스의 생산량에 따라 달라지는 비용입니다. 이러한 비용을 세분화하여 관리하면 비용 관리를 효과적으로 할 수 있습니다.

- **간접비용의 반영**: 판매비와 관리비일반적으로 SGA라고 불림는 제품을 판매하고 비즈니스를 운영하는 데 필요한 간접 비용입니다. 이는 광고비, 판매 수수료, 사무실 운영 비용 등을 포함합니다.

- **영업이익의 확인**: 영업이익EBIT은 매출에서 모든 비용을 차감한 금액입니다. 이는 회사의 기본적인 경영 활동을 통해 얼마나 수익을 얻을 수 있는지를 나타내는 지표로, 투자자들에게 중요한 정보를 제공합니다.

손익의 장기계획

앞서 설명한 P&L을 요약해 3~5년간 장기계획을 수립한 P&L 시트를 작성해야 합니다. 이를 통해 앞으로 이커머스의 성장 계획과 비용, 이익에 대한 추정이 가능합니다.

장기계획(3년) 수립을 위한 P&L 시트 요약 예시

− 6 −

개발 계획

개발 계획은 제품이나 서비스의 개선, 향상, 혁신에 관한 미래의 노력을 설명합니다. 개발 팀의 주요 목표와 노력은 기존 제품 라인의 유지 및 개선, 새로운 제품 및 서비스의 개발, 기술 혁신, 그리고 회사의 전반적인 경쟁력 향상에 중점을 두고 있습니다.

개발 계획은 기업마다 다르겠지만 대부분 자본적 지출CAPEX, Capital Expenditures에 영향을 미치기 때문에 5년 계획으로 준비하는 것이 좋습니다. 특히 규모가 큰 회사 혹은 외국계 회사의 경우 단기간으로 개발을 진행하는 것이 어려울 수 있으므로 개발 계획을 미리 준비해야 하는 것이 좋습니다.

개발 계획의 주요 요소

* **기술 로드맵**: 기술 로드맵은 개발 팀이 추구하는 기술 목표와 그에 따른 타임라인을 보여줍니다. 이를 통해 개발 팀은 자사의 기술 전략을 명확하게 표현하고, 이해관계자와 투자자에게 보여줄 수 있습니다.
* **자원 계획**: 개발 팀은 개발 프로젝트를 완료하기 위해 필요한 자원을 계획해야 합니다. 이는 인력, 재정, 시간, 기타 자원을 포함합니다.
* **위험 관리**: 모든 개발 프로젝트는 위험 요소가 있습니다. 개발 팀은 이러한 위험을 인식하고 관리하며, 필요한 경우에는 완화 계획을 수립해야 합니다.

Development schedule 2023 - 2027

	2023	2024	2025	2026	2027
	• Digital Marketing Solution • Live commerce • Toulon Garage	• Develop Custom Order (Wedge stamping, Toulon Garage) • Exclusive products • Digital Contents	• Update Digital Marketing Solution • Update Custom Order Function • Go e-retailer's mall	• Exposure Portal Site	• Upgrade Hybris (SAP S4)
	• Exclusive model(Size, Color)	• Develop Exclusive model • Update LOOK BOOK • Develop Quick Delivery Service • O2O Service	• O2O		• Go e-retailer's mall • Exposure Portal Site
			• Business Training • Set up factory	Go live TITU/PO EC Site	
	• Pre-launch brand site	• Go Live TM EC Site		• O2O	• Go e-retailer's mall • Exposure Portal Site

장기 개발 계획 예시

CHAPTER 11

비즈니스
고려사항

− 1 −

반품 관리 팁

이커머스 비즈니스에서는 고려해야 할 사항이 많습니다. 이번에는 반품 관리 등 전반적인 비즈니스 고려사항을 알아보도록 하겠습니다.

이커머스에서의 고객 관리는 어렵습니다. 비대면으로 고객을 상대하기 경우가 대부분이기 때문입니다. 세상에는 다양한 고객들이 존재합니다. 작은 일로도 화를 내고 주문과 반품으로 스트레스를 푸는가 하면, 임의로 제품을 훼손 후 반품한다거나, 본 제품을 보내지 않고 다른 제품을 보내는 고객도 있습니다.

그럼 반품률은 어느 정도가 가장 적합할까요? 그리고 반품률 목표를 달성하기 위해 세울 수 있는 정책은 무엇일까요? 아래는 과거에 이와 같은 주제로 저와 팀원들이 도출한 반품 관리 아이디어입니다.

개봉 및 착용 시 반품 불가 조건 개제
1. 반품 가능 기간 축소 (현재 14일 → 5일)
2. 반품 비용 인상 (현재 3,000원 → 5,000원)
3. 개봉 후 반품 금지 안내문구 포함

물론 고-저관여 제품의 반품률이 다르며, 고장이나 하자 여부를 확인하기 복잡한 제품(예: 가전 제품)이나 사이즈, 색상 등의 문제로 단순 반품률이 높은 제품군(예: 의류)도 있기 때문에, 단순한 방식으로 반품률을 비교하기는 어렵습니다. 때문에 단순한 비교는 어렵습니다.

하지만 모두 반품률 줄이기 위해 노력하고 있을 때, 반품을 하는 고객이 가장 소중한 고객이라고 외친 기업도 있습니다.

사례 연구

'반품을 많이 하는 고객이 가장 소중한 고객이다'
이커머스 비즈니스를 하거나 관심이 많은 사람들은 고개가 갸우뚱해지는 말이겠으나, 놀랍게도 이 말을 한 사람은 미국에서 신발 쇼핑몰로 유명한 자포스(zappos.com)의 CEO, 토니 셰이Tony Hsieh입니다.

1999년에 설립된 자포스는 그해 '포춘Fourtune'이 선정한 미국에서 일하기 좋은 기업 15위'에 올랐고, 2008년 매출액 10억 달러를 넘어선 후 2009년 7월 아마존닷컴에 12억 달러에 인수되었습니다.

자포스는 고객이 온라인에서 생기는 불편들을 해소하는 것을 기업의 핵심가치로 규정하고 있으며, 이 가치를 실현한 대표적인 예가 '모든 주문 상품의 반품 비용을 무료로 하는 정책'입니다. 이 정책으로 인해, 자포스는 고객이 사이즈별로 3~4켤레의 신발을 주문한 뒤 그중 자신에게 맞는 제품만 신고 나머지는 반품하는 행태가 일반화되었다고 합니다. 세일즈 중심의 일반적인 기업들은 이해하기 힘든 부분이지만 자포스는 세일즈 위에 고객 만족이 있기 때문에 가능한 일입니다.

자포스의 사례는 벌써 10년도 넘은 이야기지만, 최근 우리나라도 반품에 관대한 문화로 바뀌고 있음을 생각해보면 곱씹어 볼만합니다. 국내의 관대한 반품 정책의 선두는 쿠팡이라고 볼 수 있겠는데요. 쿠팡은 아마존의 비즈니스 모델을 그대로 벤치마킹하여 국내에 도입한 모델이고 관대한 반품 및 환불제도 역시 그대로 도입을 했습니다.

쿠팡은 매우 관대한 반품 정책 덕분에 고객의 서비스 만족도가 매우 높습니다. 한편 쿠팡의 반품 문제 때문에 쿠팡을 꺼려하는 셀러 분들도 있습니다. 쿠팡의 반품은 이유를 불문하고 받아줘야 하기 때문인데요. 이를 악용한 고객도 많은 것 또한 사실입니다.

분명한 것은 이제 온라인 쇼핑 고객이 반품을 번거롭게 생각하지 않는다는 점입니다. 신발을 사이즈별로 3개 주문 후 2개를 반품하는 일은 요즘 쉽게 볼 수 있는 일입니다. 자포스 시절엔 혁신이었지만 지금은 일반화가 되었다고 봐야겠습니다.

한편으로는 고민할 점도 있습니다. 반품 절차에서 많은 리소스가 사용된다는 것입니다. 반품을 입고하고 불량 유무를 체크하는 프로세스도 번거롭지만 다시 상품화하는 과정에서 비용이 발생하기도 해서 난감합니다. 특히 의류는 제품 이상 유무를 파악하고 다시 다림질을 해서 비닐에 포장해 상품화를 하는 데 비용이 수반됩니다. 이를 내부 조직에서 해결하기 어려운 분들은 외주 형태로도 진행이 가능하지만, 생각 외로 전체 운영비용이 많은 부분을 차지합니다.

따라서 이커머스를 시작하는 분들은 이커머스 론칭 후 6개월 정도 운영 후 반품 수준을 파악하고 목표를 설정하는 것이 바람직합니다.

– 2 –

반품 관리 전략

앞절(11.1)에서 언급했지만 이커머스에서는 반품 관리가 고객 서비스의 중요한 부분을 차지합니다. 따라서 고객의 만족도를 높이면서, 과도한 반품으로 인한 비용을 최소화하기 위한 다양한 전략을 구사해야 합니다.

1. **데이터 분석 활용**: 고객의 반품 패턴을 분석하여 반품의 주요 원인을 파악할 수 있습니다. 예를 들어 특정 제품의 반품률이 높다면 그 제품의 품질 문제, 상세 페이지의 설명 불충분, 사진과 실제 제품의 차이 등을 검토할 수 있습니다. 이렇게 데이터를 기반으로 원인을 파악하면 더 효과적인 대응 전략을 세울 수 있습니다.

2. **제품 정보의 투명성 확보**: 제품의 정보(제품 사진, 상세 설명, 리뷰, 사이즈 가이드 등)를 충분히 제공하면 고객이 제품을 오해하고 잘못 구매할 가능성을 줄일 수 있습니다.

3. **고객 서비스 개선**: 고객 서비스 팀이 반품을 처리하는 과정에서 고객과의 커뮤니케이션은 중요합니다. 반품 요청 시 꼼꼼하게 사유를 청취하고 적절한 해결책을 제시하는 것이 중요합니다. 이를 통해 고객의 불만을 빠르게 해결하고 다음에 똑같은 문제가 발생하는 것을 방지할 수 있습니다.

사례 연구

데이터 분석을 통한 반품 관리

온라인 패션 리테일러 ASOS는 데이터 분석을 통해 반품률을 관리하는 방법을 도입했습니다. 그들은 고객이 주문한 상품을 반품하는 이유를 자세히 분석하였습니다. 분석 결과, 고객들이 제품의 사이즈나 핏Fit에 대한 불만으로 반품을 많이 요청하는 것을 알게 되었습니다.

이에 ASOS는 'Fit Assistant'라는 도구를 개발하여 고객에게 제품의 사이즈와 핏에 대한 자세한 정보를 제공하게 되었습니다. 고객이 자신의 신장, 체중, 체형 등의 정보를 입력하면 이 도구는 고객에게 가장 적합한 사이즈를 추천해줍니다. 이런 방법으로 ASOS는 고객의 만족도를 향상시키고 반품률을 줄이는 데 성공하였습니다.

이처럼 신중한 계획과 전략을 통해 이커머스 사업에서의 반품 관리를 효과적으로 할 수 있습니다. 초기에는 비용과 노력이 들지만, 장기적으로 보면 고객 만족도 향상과 비용 절감을 동시에 이룰 수 있기 때문입니다. 따라서 이커머스를 운영하는 사업자는 반품 관리 전략을 신중하게 세우는 것이 중요합니다.

일반적인 평균 반품률

- 이커머스의 평균 반품률은 약 20%에서 30% 사이로, 이는 매 100개의 판매된 제품 중 20개에서 30개가 반품된다는 것을 의미합니다.
- 온라인 구매의 평균 반품률은 18.1%로 나타났으며, 이 중 80.2%는 제품이 손상되거나 파손된 경우의 반품입니다.

카테고리별 평균 반품률

- 의류와 신발은 가장 높은 반품률을 보이는 카테고리로, 반품률이 12%입니다.
- 전자 제품은 그 다음으로 높은 반품률을 보이며, 8%의 반품률을 가집니다.
- 가방과 액세서리는 6%의 반품률을 보입니다.
- 이외의 카테고리들은 대략 5%의 반품률을 가지는 것으로 나타났습니다.

(출처: social.com, e-commerce return statistics)

- 3 -

CS 사례 모음

감성 반품

 재킷을 구매한 고객
모니터에서 보던 컬러와 달라요.

위와 같은 사유로 반품을 요구하는 고객이 생각보다 많습니다. 그도 그럴 것이 모니터마다 색감이 다르게 보이기 때문에, 모니터나 휴대폰에서 정말 정확한 색을 재현하기가 어렵습니다. 또 다른 예로 골프채를 구매하여 시타 해보고는 '멀리 나간다고 해서 샀는데 잘 안나간다'라며 반품을 요구하는 고객도 있습니다.

이런 반품 유형을 '감성 반품'이라고 하는데, 부득이하지만 큰 이유를 묻지 않고 환불을 해줍니다. 이와 관련한 환불 정책을 가장 유연하게 적용하는 회사가 아마존인데, CS 직원들에게도 반품 승인권한을 주어 과감한 반품 정책을 하는 것으로 유명합니다. 실제로 제가 경험한 사례로는, 직구 제품을 잘못 구매해서 반품 요청을 했더니 해당 제품을 돌려 받지도 않고 100% 환불된 적이 있습니다.

기존에 언급한 대로 아마존의 시스템을 거의 차용한 국내 기업이 '쿠팡'입니다. 쿠팡을 이용해본 고객은 과감한 환불/반품 제도에 높은 만족도를 가지고 있습니다. 고객의 머리 속에 '반품할까?'라는 생각이 드는 순간 이후부터는 왠만하면 반품을 받을 수 있는 과감한 정책 역시 쿠팡을 성장시킨 큰 동력이라고 생각합니다.

상품을 훼손한 고객

제가 의류 판매를 할 적의 일입니다. 한번은 겨울 오리털 패딩을 구입한 고객이 커터로 제품을 손상시킨 후 제품이 불량이라고 반품을 한 적이 있습니다. 출고 시 제품이 칼로 손상되어 나가는 경우는 거의 일어나지 않습니다. 하지만 고객이 제품을 훼손한 것이 확실함에도 반품을 받아줄 수밖에 없었고 반품된 해당 제품은 파기하였습니다.

가격 등록 오류

자사몰을 운영하는 경우, 사람이 실수하지 않더라도 시스템 오류로 가격이 잘못 등록되는 상황이 벌어지기도 합니다. 가격에 오류가 있는 상품이 판매되었을 때, 조치를 취하고자 주문 취소를 안내하면 구매자의 10-15% 정도는 강한 항의를 합니다. 특히 브랜드 관리를 잘하는 회사이거나, 고관여 제품을 판매할수록 컴플레인을 많이 합니다. 제가 겪은 경험을 들려 드리겠습니다.

80만 원짜리 제품의 가격이 30만 원 가량으로 잘못 등록되어 판매된 적이 있습니다. 시스템에 가격이 잘못 등록되는 오류로 발생되었는데, 새벽에 발생된 오류는 모 커뮤니티에 퍼져 빠르게 확산되었고, 아침에 일어나니 30여건이 결제되어 있었습니다.

우리는 팀원 모두 인원을 나눠 고객과 모두 통화를 했습니다. 통화가 안 되는 분계는 문자를 남기고 재통화를 시도했습니다. 결과적으로 5명의 고객이 컴플레인이 심했는데, 그중 4명은 할인 쿠폰을 제공하는 형태로 마무리가 되었지만, 고객 한 분은 어떠한 경우라도 그 제품을 받아야겠다는 의지가 강했습니다. 결국 조율이 되지 않아서 진전 없이 마무리되었고, 그 고객은 결국 소비자 보호원에 신고를 했습니다.

명품 회사의 온라인 쇼핑몰 가격 오류 판례 등이 있어, 큰 문제가 없다고 생각했지만 그 사건이 일어나고 1년 뒤에 판결문이 회사로 송달되었습니다. 그 내용은 '잘못 올린 제품 가격으로 소비자에게 판매하라'라는 내용이었습니다. 개인적으로 당황스러웠고 불합리하다고 판단해 항소 절차를 진행할까 생각했습니다만, 고객과 통화 후 그 제품을 보내주는 것으로 마무리했습니다.

이처럼 가격이 잘못된 경우에는 반품 관련 의견을 조율하는 일 외에도 번거로운 점이 많습니다. 특히 CS 팀부터 이커머스 팀원들까지 리소스의 투입이 필요하고, 위 사례처럼 긴 시간 동안 마무리가 되지 않고 번거로운 일도 생기기 때문에 제품의 가격과 스펙, 세부 내용은 항상 오류가 없도록 신경 써서 등록해야 합니다.

– 4 –

내부 가격이 충돌할 경우

회사에서 온라인 비즈니스를 하다 보면 가격 이슈는 수시로 발생합니다. 우선 내부의 오프라인 담당자들과 충돌이 일어나는 경우가 흔합니다. 외부몰 입점 판매의 경우, 가격이 낮아진 경우 오프라인 담당자들의 항의가 많아집니다. 결국은 온라인 때문에 매출을 못했다는 이야기가 지속적으로 들리면 세일 즈 헤드 역시 온라인 담당자에게 질타를 안 할 수 없는 상황에 이르게 됩니다.

가격 충돌 발생 시

이전 회사에 출근한 지 얼마 안 되서 아침에 큰 소리를 들었던 것이 가격 이슈였습니다. 그리고 퇴사하는 날까지 가격 문제는 저를 괴롭혔습니다. 비즈니스가 안될수록 온라인 비즈니스의 탓으로 돌리는 경우가 많습니다.

보통은 외부몰을 운영할 때 이런 문제가 많이 발생을 합니다. 외부몰의 경우 MD들이 쿠폰을 적용할 수 있는 권한이 있어서, 특정 제품을 할인을 하는 경우가 있습니다. 또한 쿠팡 같은 경우 로켓배송의 경우 특정 제품의 가격 비교를 통해 판매가가 높으면 가장 최저가로 자동으로 맞추는 시스템이 있습니다.

이런 내부 항의가 올 경우, 담당 MD에게 전화해서 즉시 조정하는 것이 좋습니다. 쿠팡과 같이 가격 하락의 원인을 파악한 경우 그 가격이 떨어진 원인까지 같이 조정을 해야 합니다.

그렇기 때문에 이커머스 비즈니스는 연간 계획이 매우 중요합니다. 가격을 임의로 낮추지 말고 연간 프로모션 계획을 통해 내부 품의, 그리고 어카운트 담당자와의 충분한 논의를 거친 다음에 할인 계획으로 접근해야 합니다.

 프로모션 계획 때문에 골치가 아파진 영업팀 직원

온라인은 미리 계획하기 어려워.

매달 진행하는 스팟 행사가 많아 계획 수립이 어렵다는 이야기를 많이 듣습니다. 그래서 프로모션의 경우 빅, 월간, 스팟 프로모션을 구분하여 계획을 수립하면 용이합니다. 예를 들면 온라인몰마다 빅 프로모션 계획이 있는데, 그에 맞춰 프로모션 제품, 물량 등의 계획을 사전에 기획할 수 있습니다.

내부 협업은 필수

비즈니스 밸런스가 맞지 않는 기업들이 많습니다. '우리 팀은 오프라인 팀의 보조 역할만 하는 곳이야'라고 체념 섞인 말을 하는 담당자들도 봤습니다. 지금은 나아졌지만 이커머스 비즈니스 초창기에는 이커머스 팀이 오프라인 부서의 서브 역할 정도로 머물기도 했고, 오프라인 영업 담당자의 컴플레인에 이커머스 팀이 휘둘리는 경우도 많이 있었습니다. 지금은 이커머스를 집중하는 회사가 많아졌고, 전문 인력 양성이 되면서 입지가 많이 좋아졌습니다만, 그럼에도 불구하고 이커머스 팀원들의 자조 섞인 목소리는 많이 들립니다.

하지만 이들과 날을 세우고 경쟁을 하거나 등을 돌리는 일은 바람직하지 않습니다. 이커머스 업무 특성상 반드시 타 부서의 도움이 필요할 때가 있기 때문인데요. 이 날을 위해 관계 통장에 저축을 잘 해놓는 것이 중요합니다.

그리고 협업을 통해 원원win-win을 하는 전략이 매우 중요한데, 예를 들어

O2O_{Online to Offilne} 서비스 등으로 온라인을 통해 오프라인의 매출을 서포트하거나, 고객들을 유입시켜주는 서비스를 도입하는 것도 효과적입니다. 또한 마일리지 정책도 온·오프라인 통합으로 운영하여 온라인 구매고객이 오프라인에서 마일리지를 사용할 수 있게 하거나, 온라인에서 구매한 제품을 오프라인에서 픽업을 하고(예: 무탠픽업), 온·오프라인 매장의 재고를 연동하여 관리하는 시스템 등도 고려해볼 수 있습니다.

이처럼 온라인과 오프라인이 대치하는 시대는 지났고, 양쪽 채널 모두 협력을 해야 시너지가 나는 트렌드로 바뀌고 있습니다. 이 흐름을 타기 위해서는, 이커머스 담당자는 내부 이해관계자를 지속적으로 설득하고, 의견을 내어야 합니다.

− 5 −

경쟁사 가격과 충돌할 경우

경쟁사 제품을 프로모션 할 경우

자사 제품끼리 가격 충돌이 발생하는 경우 외에도 경쟁사의 할인 프로모션 등으로 가격 충돌이 발생하는 경우도 있습니다. 이 경우 외적 환경의 변화로 매출의 변화가 생길 수 있는 부분입니다. 이럴 때는 프로모션 계획을 빠르게 승인받아 맞불 작전으로 가거나, 이번 프로모션은 놔주지만 다음 프로모션 때 메이크업을 하겠다는 '소나기는 피해가는' 전략을 수립할 수 있습니다.

현실적으로 좋은 선택은 후자입니다. 경쟁사가 계획한 프로모션을 따라가면 효과를 보지 못할 수도 있고, 내부 월간 목표 달성에 여러 가지 영향이 생깁니다. 따라서 이러한 경우에는 내부 조직을 설득하고 다음 달 프로모션을 준비하는 것을 권장해 드립니다.

타사 신제품의 등장

이커머스 시장은 다이나믹하기 때문에 오프라인과 달리 매달 새로운 제품이 등장할 확률이 큽니다. 다이슨의 예를 들자면, 다이슨의 경우 고가의 청소기가 없어서 못팔 정도로 고가로 팔리던 때가 있었습니다. 그러나 온라인에서 구매대행 상품이 최대 1/3 가격으로 판매되면서 다이슨의 프리미엄 세일즈 전략에 브레이크가 걸렸고, 실제 매출이 급락하는 상황까지 발생되었습니다.

거기에 '차이슨'이라고 불리는 중국제 저가 청소기가 물밀듯이 들어오면서 청소기 시장의 급격한 변화가 시작됩니다. 이처럼 다양한 환경 변수로 인해 시장의 변화가 일어나면 생각보다 기업들은 있는 그대로 받아들이지 못하고 잘못된 결정을 내리기도 합니다.

- 이것은 일시적인 현상이다. 곧 고객이 실망하고 제자리를 찾을 것이다.
- 세일즈 프로모션을 강화하면 우리가 곧 시장 점유율을 가져올 수 있을 것이다.
- 우리는 그 시장보다 프리미엄 시장으로 나아가야 한다.

이커머스 담당은 생각보다 많은 데이터로 고객의 트렌드를 분석할 수 있습니다. 그렇기 때문에 시장의 전반적인 움직임, 고객의 피드백, 경쟁사의 매출 규모 등을 분석하여 전체 비즈니스를 조망할 수 있는 인사이트를 줄 수 있어야 합니다.

그것이 내부에 설득이 되지 않더라도, 이커머스 담당자로서 사실을 객관적이고 정량적으로 보고를 통해 회사의 방향을 가이드 해주는 역할이 필요합니다.

- CHAPTER 12 -

AI를 활용해
이커머스
성장시키기

─ 1 ─

이커머스 업계의 챗GPT 도입 사례

챗GPT_{ChatGPT} 출시 이후로 산업 전반에 AI를 활용하려는 사례가 늘고 있고, 매일 수많은 신규 서비스가 쏟아지고 있습니다. 이커머스 역시 AI를 통해 비즈니스 모델을 개선할 수 있는 가능성이 높은 산업군입니다. 이커머스에서 종사하는 많은 분들도 AI를 이커머스에 활용하는 것에 관심이 많습니다.

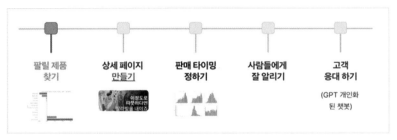

AI와 함께 가능한 이커머스 여정

AI를 이커머스에 도입할 수 있는 아이디어

1. **고객 지원**: 인공지능을 통해 가장 빠르게 성장하고 현업에서 적용할 수 있는 수준으로 빠르게 성장했습니다. 실제 AI를 통해 챗봇 서비스를 시작하면 자연어 인식은 95% 이상의 수준을 보여주고, 자사 제품을 학습시켜서 특별히 시나리오 가이드를 주지 않더라도 스마트한 답변이 가능합니다. 기존의 시나리오를 일일이 적어 수동적인 답변이 가능했다면 생성형 AI를 통해 다양하고 창의적인 답변이 가능해진 수준입니다.

또한 고객의 과거 상호작용 데이터를 분석하여, 개인화된 고객 경험을 제공할 수 있습니다. 예를 들어 고객이 과거에 관심을 보였던 제품이나 카테고리에 대한 정보를 우선적으로 제공하는 것입니다.

2. **제품 추천**: 고객의 관심사와 선호도를 기반으로 제품을 추천할 때 챗GPT를 활용하여 개인화된 제안을 할 수 있습니다. 현재 고객 패턴을 분석하여 고객 선호도가 높다고 생각했던 제품을 반복적으로 노출하여 판매를 올리는 단순한 전략을 사용했다면 인공지능을 이용해 조금 더 광범위한 타겟팅을 한 뒤 고객이 좋아할 것 같은 제품을 고도화해서 노출해주는 전략이 가능합니다.
고객 개인의 소셜 미디어와 온라인 행동 분석을 통해 고객의 최신 관심사나 트렌드를 파악하고, 이를 제품 추천에 반영할 수 있는 등 초개인화 서비스도 AI를 통해 가능하게 되었습니다.

3. **이미지 생성**: 이미지 생성 기술은 인공지능 분야에서 가장 빠르게 발전되는 부분으로 이제는 특정 상황만 전달하더라도 높은 수준의 결과를 받을 수 있는 것이 특징이고 이미지를 학습시켜 다양한 이미지로 변환할 수도 있습니다. 특히 제품의 배경만 빠르게 바꿔주고 특정 옷의 모델을 그려주거나, 라이센스가 있는 모델을 얼굴만 바꿔주는 서비스도 가능합니다.

4. **상세 페이지 제작**: 상세 페이지를 제작하려면 우선 제품의 이해가 필요하고, 해당 이미지를 고객이 관심 있을 정도의 수준으로 수정되어야 하고, 눈길을 잡는 카피가 필요합니다. 거기에 이미지와 텍스트의 디자인이 타겟 고객의 취향에 맞게 잘 배치되어야 합니다. 이 부분을 챗GPT, 이미지 생성 서비스 등으로 상당 부분 적용이 가능하고, 현재는 50~60% 정도 완성도를 빠르게 만들 수가 있어, 이쪽 분야는 창의적인 아이디어가 더 접목될 수 있는 분야라고 생각됩니다.

5. **피드백 수집**: AI 기반의 피드백 수집 시스템은 고객의 의견을 자동으로 분류하고 분석하여, 제품 개선이나 서비스 개선에 중요한 인사이트를 제공합니다.
고객의 소셜 미디어 피드백을 모니터링하고 분석하여, 실시간 시장 트렌드와 고객 선호도의 변화를 파악할 수 있습니다.

6. **재고 및 배송 조회**: 고객이 제품의 재고 상태나 배송 상태를 문의할 때 챗GPT를 활용해 실시간으로 정보를 제공할 수 있습니다. 또한 빅데이터와 AI를 결합하여 재고 관리를 최적화하고, 물류 효율성을 향상시킬 수 있습니다.

7. **프로모션 및 할인 알림**: 챗GPT를 활용하여 특정 고객에게 맞춤형 프로모션 정보나 할인 정보를 전달할 수 있습니다. 시즌별, 이벤트별 맞춤형 프로모션을 기획하고, 이를 고객에게 적시에 전달하여 구매 전환율을 높일 수 있습니다.

매출에 직접적인 영향을 주는 항목은 제품 추천입니다. 실제로 고객이 가장 구매하고 싶어하는 제품을 잘 노출하는 것은 이커머스 비즈니스에 기본적인 일입니다. 기존에는 구매이력과 장바구니 등에 평면적인 데이터를 가지고 추측을 했다면 이제는 AI를 통해 여러 가지 변수(예: 고객의 취향, 클릭 성향 등)를 조합해 고객이 가장 원하는 제품을 추천해줄 수 있습니다.

최근에는 AI를 이용한 데이터 분석으로 '초개인화 마케팅'을 함으로써 이커머스의 매출을 상승시키는 전략을 취하고 있습니다. 초개인화 마케팅은 AI 기술을 활용하여 고객 개개인의 세부적인 행동 패턴과 선호도를 파악하고 이를 기반으로 맞춤형 서비스를 제공하는 전략입니다. 이 기술은 고객이 제공한 기본적인 정보 뿐만 아니라 인터넷 검색 패턴, 구매 반응, 장바구니 내역과 같은 실시간 데이터를 수집하여 사용자의 미래 행동과 잠재적 욕구를 예측하고 개인에게 최적화된 혜택을 제공합니다.

예를 들어 지마켓은 AI를 활용하여 사용자별로 관심 있어 할 상품을 세밀하게 파악하고 추천하며, 모바일 애플리케이션의 홈 화면에도 이를 적용했습니다. 쿠팡은 AI를 물류 시스템에 적용하여 상품 진열, 배송트럭 내 상품 위치, 배송 동선을 최적화하고 재고 관리 능력을 향상시켰습니다. 위메프는 '메타쇼핑'을 통해 상품의 특징이나 스타일 등을 분석하여 개인화된 쇼핑 경험을 제공하는 데 초점을 맞추고 있으며, 에누리는 소비자가 설정한 상품에 대해 최저가를 실시간으로 제공하는 초개인화 서비스를 운영하고 있습니다.

이커머스에 챗GPT를 도입한 해외 사례로는 이베이, 알리바바가 있습니다. 이베이는 챗GPT를 활용하여 고객 맞춤형 추천 서비스를 제공합니다. 이 서비스는 고객의 구매 내역, 검색 기록, 웹사이트 방문 기록 등을 분석하여 고객이 관심을 가질 만한 제품을 추천합니다. 알리바바 역시 고객의 쇼핑 경험을 개선하는 데 챗GPT를 활용합니다. 이를 통해 고객이 제품을 검색할 때 관련 제품을 추천해줍니다.

■ **글로벌 이커머스 회사의 AI 도입 사례**

이베이

이베이는 챗GPT를 활용하여 고객 맞춤형 추천 서비스를 제공함으로써, 고객의 쇼핑 경험을 개선하고 이커머스 시장에서 경쟁력을 강화하고 있습니다.

- **유사성 알고리즘 개발**: 이베이는 AI 기반 유사성 알고리즘을 도입한 결과, 거래량 최고치PTR, peak transaction rate가 2.14% 증가했다고 보고합니다. 이 알고리즘은 고객이 찾는 것과 유사한 제품을 발견할 수 있도록 도와주어 구매 가능성을 높입니다.

알리바바

- **스마트 창고**: 알리바바는 이커머스 배송 과정에 AI를 도입했습니다. 알리바바 스마트 창고에서의 자원 조정에 대한 사례 연구를 통해, AI는 물류와 창고 관리의 효율성을 최적화하는 역할을 하며, 이는 고객 주문을 더 빠르고 정확하게 처리함으로써 전반적인 매출 증가에 기여하고 있습니다.

- **최적화된 추천 시스템**: 알리바바는 지능형 추천 알고리즘을 사용하여 매출을 올립니다. 이 AI 기반 시스템은 알리바바의 티몰Tmall 홈페이지와 모바일 앱에서 사용되는데, 개인화된 고객 검색 추천을 제공하여 제품 발견을 더 효과적으로 하고 구매율을 높입니다.

- **이커머스 브레인**: 알리바바가 개발한 AI 소프트웨어 시스템입니다. 이 시스템은 실시간 온라인 데이터를 사용하여 소비자의 욕구를 예측하며, 이 시스템은 각 개인에 대해 AI를 통해 지속적으로 업데이트되어, 회사가 더 정확한 제품 추천을 할 수 있게 하여 매출을 증가시킵니다.

(출처: sciencedirect.com, researchgate.net, ckgsb.edu)

또한 상세 페이지 제작의 운영업무를 효율적으로 줄일 수 있는 아이디어도 있습니다.

■ **AI와 상세 페이지 제작 아이디어**

1. **개인화된 콘텐츠 생성**: AI는 고객의 이전 검색 및 구매 이력을 분석하여, 개인에게 맞춤화된 상세 페이지 콘텐츠를 생성할 수 있습니다. 예를 들어 특정 고객이 자주 구매하는 색상이나 스타일을 반영하여 제품 이미지와 설명을 조정할 수 있습니다.

2. **자연어 처리를 이용한 상품 설명 최적화**: AI가 자연어 처리 기술을 이용하여 제품 설명을 생성하거나 최적화할 수 있습니다. 이를 통해 제품의 주요 특징과 혜택을 보다 명확하고 설득력 있게 전달할 수 있습니다.

3. **동적 콘텐츠 조정**: 고객의 상호작용에 따라 실시간으로 상세 페이지 콘텐츠를 조정할 수 있습니다. 예를 들어 고객이 특정 섹션에 더 많은 시간을 할애할 경우, 해당 섹션의 콘텐츠를 더 강조하거나 확장하는 등의 조정이 가능합니다.

4. **시각적 요소 최적화**: AI를 통해 제품 이미지의 색상, 구성, 배경 등을 최적화하여 고객의 관심을 끌 수 있습니다. 또한 제품의 다양한 측면을 보여주는 이미지를 자동 생성하여 고객의 구매 결정을 돕습니다.

5. **대화형 AI를 통한 상호작용 개선**: AI 챗봇을 통해 고객이 상세 페이지에서 궁금한 점을 즉시 문의하고 답변을 받을 수 있습니다. 이는 고객의 의사결정 과정을 지원하고 구매 전환율을 높이는 데 도움이 됩니다.

6. **SEO 최적화**: AI를 활용하여 상세 페이지의 텍스트 콘텐츠를 검색 엔진 최적화 SEO에 맞게 조정할 수 있습니다. 이를 통해 제품 페이지의 검색 엔진 랭킹을 향상시키고, 더 많은 잠재 고객에게 도달할 수 있습니다.

7. **사용자 피드백을 기반으로 한 지속적 개선**: 고객 피드백과 행동 데이터를 분석하여, 상세 페이지의 디자인과 콘텐츠를 지속적으로 개선할 수 있습니다. 이는 고객 경험을 개선하고 장기적인 고객 충성도를 구축하는 데 기여합니다.

이어서 이커머스 활용 사례에 대한 예시를 보여드리겠습니다.

− 2 −

배너 카피문구 제작

고객에게 클릭을 유도하는 카피를 작성하는 것은 쉽지 않습니다. 특히 회사마다 톤앤매너와 브랜딩을 해치지 않고 제작하는 것은 것도 어렵습니다. 하지만 챗GPT를 활용하면 배너문구는 어렵지 않게 제작할 수 있습니다.

● **활용 예)**

> **RE** 새로운 인센스를 출시하는데, 배인배너 카피를 10개 작성해줘. 인센스 특징은 아래와 같아.
> 1. 세련되게 자신을 표현하는 매력적인 향
> 2. 마음이 차분해지는 화이트머스크 향
> 3. 어디서든 여유를 찾은 듯이 편안하게 만들어줌
> 4. 안전한 천연재료 사용
>
> 1. "당신의 세련된 표현을 재현하는 고급스러운 향, 새로운 인센스를 경험해보세요."
> 2. "화이트머스크의 마음이 차분해지는 향으로 하루의 스트레스를 확 털어내세요."
> 3. "어디서나 느낄 수 있는 여유, 새로운 인센스가 선사하는 편안한 향기를 만나보세요."
> 4. "안전한 천연재료로 만든 새로운 인센스, 건강하고 깨끗한 향을 즐겨보세요."
> 5. "당신만의 독특한 아우라를 더하다, 세련된 향의 새로운 인센스."
> 6. "마음을 치유하는 화이트머스크 향, 새로운 인센스가 당신에게 가져다 줄 휴식을 느껴보세요."
> 7. "여유로운 순간을 선사하는 새로운 인센스, 어디서든 편안한 향기와 함께하세요."
> 8. "안전한 천연재료를 사용한 새로운 인센스, 피부에도 마음에도 좋은 선택."
> 9. "매력적인 향으로 당신의 세련된 취향을 드러내는 새로운 인센스."
> 0. "화이트머스크 향의 새로운 인센스, 마음을 차분하게 만드는 깊은 향기를 느껴보세요."

챗GPT를 활용한 배너 카피문구 제작 예시 1

이렇게 간단하게 질문을 해도 되고, 아래와 같이 마음에 드는 항목에 대해 더 많은 답변을 요구할 수 있습니다.

> **RE** 7번이 괜찮은데 이런 스타일로 5개만 더 작성해줄래

> 1. "새로운 인센스, 어디서든 쉬어가는 편안한 향기의 섬으로 초대합니다."
> 2. "어디서나 휴식을 찾는다는 것, 새로운 인센스의 편안한 향기로 그것이 가능합니다."
> 3. "여유롭게 흐르는 시간 속에서 편안한 향기를 찾다, 새로운 인센스로 여유를 즐기세요."
> 4. "어디서든 마음을 편안하게, 새로운 인센스의 여유로운 향기를 품에 안으세요."
> 5. "평온한 여유가 가득한 공간, 새로운 인센스로 어디서나 휴식을 즐기세요."

챗GPT를 활용한 배너 카피문구 제작 예시 2

챗GPT가 GPT-4로 진화하면서 한글로 창의적인 글쓰기의 품질이 좋아졌습니다. 아직 전체 제품의 브랜드 네이밍을 만들거나 하는 작업은 어렵지만, 콘셉트가 명확한 제품이나 프로모션의 메인 카피 작성은 어렵지 않게 작성이 가능합니다.

- 3 -

라이센스 없는 이미지 제작

실제로 쇼핑몰을 운영하다 보면 디지털 애셋이 많이 부족합니다. 유료 이미지 구입의 한계도 있을 뿐더러 회사가 원하는 이미지를 찾는 것은 매우 어렵습니다. 하지만 AI 이미지 제작 서비스를 이용하면 고품질의 이미지를 생성할 수 있습니다. 실제로 AI로 광고 이미지를 만들어 화제를 낳기도 했는데요. 삼성생명의 한 광고는 미드저니라는 툴로 생성된 이미지로 만들었습니다.

AI로 직접 만든 고품질 이미지 예시 (미드저니로 생성함)

● 미드저니 (midjourney.com)

미드저니 Midjourney는 AI 이미지 생성 서비스입니다. 방금 소개한 광고를 만들 정도로 완성도 높은 이미지를 보여주며, 내가 생성한 이미지의 저작권은 나에게 귀속되기 때문에 상업용으로 쓰기에도 적합합니다. 단, 디스코드 Discord라는 커뮤니티를 기반으로 운영되며 연간 8달러의 유료 결제가 필요합니다.

● 달리 (openai.com/dall-e-3)

달리DALL·E는 챗GPT를 만든 OpenAI에서 만든 서비스입니다. 전반적으로 섬세한 묘사나 정확도는 미드저니보다 부족하다는 의견이 많았지만 최근 챗GPT와 통합되면서 사용성이 좋아졌고, 자연어로 이미지를 생성하기 쉬워져서 현재 미드저니의 강력한 경쟁사로 떠오르고 있습니다. 챗GPT 유료 버전을 사용하고 있다면 추가 비용을 낼 필요 없이 사용할 수 있는 것도 장점입니다.

● 스테이블 디퓨전 (stablediffusionweb.com)

최근 실사화된 이미지들은 대부분 스테이블 디퓨전Stable Diffusion을 활용했다고 봐도 무방할 정도입니다. 스테이블 디퓨전의 장점은 동일인물을 학습시켜 한 인물을 지속적으로 발전시켜 나갈 수 있다는 것입니다. 반면에 단점은 로컬 PC에서 작업을 해야 되고(쉽게 말해 작업물을 다른 기기에 옮길 수 없다는 뜻) 쾌적한 사용 환경을 갖추려면 고사양의 그래픽카드가 필요하다는 것입니다.

미드저니로 다양한 웹툰 스타일의 이미지를 생성한 모습

미드저니로 다양한 느낌의 실사 이미지를 생성한 모습

— 4 —

학습형 채팅 AI

생성형 AI 서비스 중에 가장 빠르게 발전한 분야가 챗봇입니다. 생성형 AI의 장점(자연어 인식이 훌륭하고 문서 습득 능력이 높음)을 십분 활용할 수 있기 때문입니다. 필요한 문서를 AI에 제공하여 이해시키고, 챗봇을 통한 답변이 편리합니다.

ChatBase (chatbase.co)

회사 제품과 정보 이력 등을 미리 학습시켜, 이를 기반으로 답변을 할 수 있는 서비스입니다. 생각보다 답변 수준이 높고, 회사별로 학습시켜서 고객 서비스에 활용할 수 있기 때문에 이커머스에서 도입하기에 유용한 서비스입니다.

Tidio (tidio.com)

고객 질문의 73%를 자동화하고, 시각적 빌더 인터페이스를 제공하며, 무료 이커머스 챗봇 템플릿을 제공하고, 실시간 채팅 상담원에게 메시지를 전송할 수 있습니다.

Giosg (giosg.com)

자연어 처리_{NLP, 컴퓨터가 인간의 언어를 이해하고 묘사할 수 있도록 구현하는 기술}를 활용하여 고객 문의와 지식 베이스를 연결하고, 노코드 챗봇 구축을 제공하며, 라이브 채팅 및 팝업 통합을 지원합니다.

● Netomi (netomi.com)

다양한 커뮤니케이션 채널에서 고객 서비스를 처리할 수 있는 제너레이티브 및 대화형 AI를 갖춘 AI 우선 고객 경험 플랫폼을 제공합니다.

● Ada (ada.cx)

여러 언어로 멀티채널 고객 문의에 생성 및 대화형 AI를 사용하며, 개인화된 챗봇 생성을 위한 노코드 자동화 빌더를 제공합니다.

● Chatfuel (chatfuel.com)

페이스북 메신저, 왓츠앱WhatsApp과 같은 메시징 플랫폼에서 챗봇을 구축하고 배포하는 데 널리 사용되는 플랫폼으로, 코딩 지식이 없어도 사용자 친화적인 인터페이스를 제공합니다.

이 책을 쓰는 시점에도 AI 기반의 서비스들이 매일 업데이트되고 있어, 다양한 서비스를 사용해보고 회사별로 최적화하는 과정이 필요합니다.

■ **이커머스에 활용하기 좋은 AI 서비스 BEST 5**

AI를 바탕으로 한 플랫폼 사이트가 전 세계적으로 수백 개씩 쏟아지는 요즘은 AI 서비스를 잘 찾아 쓰는 것도 능력인 시대입니다.

제가 직접 써보고 만족스러웠던 AI 서비스 BEST 5를 소개해 드립니다.

1. **트로우(TRAW)** _ https://traw.ai/

트로우 홈페이지

트로우Traw는 유튜브 영상을 요약해주는 서비스입니다. 주요 장면을 요약해주거나 스크립트를 출력해주는 서비스도 많습니다. 물론 챗GPT도 관련 플러그인을 설치하면 영상 분석이 가능하지만, 트로우를 추천하는 이유는 정말 요약을 잘하기 때문입니다. 특히 해당 장면의 스크린샷과 해당 내용을 요약해주니, 특정 영상을 기억해서 저장하려는 저와 같은 분들에게는 정말 좋은 서비스입니다. 이외에도 마크다운 형태로 요약을 해줘서, 다른 메모앱 등에 매우 예쁘게 이미지 포함해서 잘 복사가 된다는 장점이 있어 추천해 드립니다. 다만 크레딧을 다 쓰면 유료로 전환된다는 단점이 있습니다. 그리고 영상을 한 번도 보지 않고 요약본만 보고 내용을 이해하기는 어려우니 영상을 본 이후에 저장을 하는 것이 좋습니다.

2. **감마(Gamma)** _ https://gamma.app/

감마 홈페이지

감마Gamma는 요즘 대세 서비스로, 프레젠테이션 시장을 빠르게 흡수하고 있는데요. 감마가 주목을 받은 이유는 특정 주제만 이야기하면 AI를 통해 프레젠테이션을 만들어주기 때문입니다. 꽤 그럴싸하게 만들어 주어서 관심이 가는 서비스였습니다. 하지만 그 AI 기능보다 더 눈에 띄는 점은 프레젠테이션 제작의 기본 기능이 뛰어나다는 것입니다. 매우 유연하고 쉽고 빠르고 편리합니다. 게다가 각종 기본 애셋들만 사용하더라도 매우 깔끔한 디자인이 가능하며 간편하게 온라인 프리젠테이션하기에 좋습니다. 이러한 강점 때문에 프레젠테이션 제작 전용 툴이 MS의 파워포인트에서 캔바Canva나 미리캔버스 같은 온라인 디자인 툴로, 그리고 이제는 감마로 급격하게 이전이 되고 있습니다.

3. 비디오스튜 _ https://videostew.com/

비디오스튜 홈페이지

비디오스튜는 SNS와 유튜브를 하시는 분들에게 유명한 툴입니다. 특히 숏폼 제작에 최적화되어 있어서 숏폼을 제작하시는 분들에게 인기가 많습니다. 그 밖에 프리젠테이션 하는 형태로 작성하면 영상을 제작해주는 서비스가 있는데 생각보다 편리합니다. 다양한 템플릿과 AI 성우 서비스를 제공하며 동영상 제작 기능을 쓰면 숏폼도 5분 안에 제작이 가능합니다.

4. Askyourpdf _ https://askyourpdf.com/ko

Askyourpdf 홈페이지

Askyourpdf는 PDF를 읽어주는 서비스입니다. PDF를 읽어줄 뿐만 아니라 채팅을 통해 해당 질문을 하면 답변을 해주는 기능이 포함되어 있습니다. 이 서비스가 유용한 이유는 챗GPT는 외부 문서를 읽는 데 제한이 있어 일부 유저들은 PDF를 잘라서 읽혀 학습을 시키곤 하는데, 이 서비스를 이용하면 PDF 파일을 한 번에 업로드할 수 있어 편리합니다.

또한 업로드한 PDF 내용을 요약해서 알려주므로 단시간에 필요한 정보를 얻기도 용이합니다. 예를 들어 사용자가 계약서 초안을 업로드한 다음 '계약 사항에 내가 불리한 조항이 있나'라고 질문하면 Askyourpdf가 그에 관한 답변을 해줍니다.

— 5 —

AI를 활용한 랜딩 페이지 만들기

챗GPT를 통해 카피와 시나리오를 만들고, 이미지를 생성한 뒤 예쁜 디자인이 가능한 노코드 툴을 활용하여 빠르게 랜딩 페이지를 완성할 수 있습니다.

● 프레이머 (www.framer.com)

프레이머Framer는 인터랙티브한 웹사이트 및 앱 프로토타이핑을 위한 도구로, 드래그 앤 드롭 인터페이스와 사용자 친화적인 디자인 기능을 제공합니다. 프레이머는 다양한 애니메이션과 인터랙션을 쉽게 구현할 수 있어 디자이너와 개발자 모두에게 인기가 있습니다.

● 웹플로우 (www.webflow.com)

웹플로우Weflow는 협업과 프로젝트 관리에 초점을 맞춘 노코드 플랫폼입니다. 팀 구성원 간의 작업 흐름과 의사소통을 간소화하고 효율화하는 데 도움을 줍니다. 사용하기 쉬운 인터페이스와 강력한 협업 도구로 인해 소규모 팀 및 프로젝트 관리에 적합합니다.

● 버블 (www.bubble.io)

버블Bubble은 웹 애플리케이션 개발을 위한 노코드 플랫폼으로, 복잡한 데이터베이스와 연동하거나 사용자 정의 기능을 구현할 수 있는 기능을 제공합니다. 사용자 정의가 가능한 유연성과 기능적 복잡성을 노코드 방식으로 구현할 수 있어 중대형 프로젝트에 적합합니다.

● **아달로** (www.adalo.com)

아달로Adalo는 모바일 및 웹 애플리케이션을 위한 노코드 개발 플랫폼으로, 드래그 앤 드롭 인터페이스를 사용하여 사용자 인터페이스를 손쉽게 구성할 수 있습니다. 간편한 사용법과 직관적인 디자인 도구로 모바일 앱 개발에 최적화되어 있습니다.

● **소프터** (www.softr.io)

소프터Softr는 웹사이트와 웹 애플리케이션을 빠르게 구축할 수 있는 노코드 플랫폼으로, 특히 에어테이블Airtable 데이터를 활용한 사이트 제작에 강점을 보입니다. 에어테이블과의 통합으로 데이터 중심의 웹사이트를 손쉽게 구축할 수 있으며, 사용자 친화적인 인터페이스를 제공합니다.

AI 웹 서비스 제작 사례

1. 카디파이 (https://cardify.club/)

카디파이는 미드저니의 이미지 생성 기능을 통해 생성하고, 감각적인 프로필카드를 만드는 서비스입니다.

- **제작 도구**: 프레이머, 미드저니
- **제작 기간**: 1일

카디파이 사이트

2. 거절학교 (https://rejectionacademy.club)

거절학교는 거절을 연습하고, 경험한 과정을 공유하면서 함께 마인드셋을 키우는 커뮤니티 서비스입니다.

* **제작 도구**: 프레미어, 미드저니
* **제작 기간**: 2일

거절학교 사이트

3. 랩스타 (https://rapstar.framer.website)

랩스타는 AI를 통해 랩 음악을 제작하고 음악과 영상을 만들어 제공해주는 서비스입니다.

* **제작 도구**: 프레이머, 미드저니, 우버덕(Uberduck)
* **제작 기간**: 2일

랩스타 사이트

이처럼 다양한 서비스를 3일 이내 제작이 가능할 정도로 AI의 도움을 받아 빠른 실행이 가능합니다. 이제 낮아진 생산단가와 다양한 이미지, 음악, 목소리, 글쓰기 등의 활용으로 더욱 다양한 서비스를 빠르게 테스트 해볼 수 있는 시대입니다.

- CHAPTER 13 -
마치며

– 1 –

이커머스의 성숙기

처음 이커머스 비즈니스 시작할 때 기업보다 개인들이 많이 관심을 가졌습니다. 소액 창업으로 큰 돈을 벌 수 있다는 소문이 나면서부터였습니다. TV엔 몇백만 원으로 몇억씩 번다는 20대 초반의 대표가 나왔고, 동대문 도매시장은 수많은 온라인 셀러들 덕분에 불야성을 이뤘습니다. 그 당시에는 구매대행이나 위탁판매 모델이 활성화되지 않아서 대부분 사입판매 모델로 진행을 했습니다.

2010년 이후 오픈마켓 중심을 이커머스 시장이 크게 성장을 했고, 기업들이 이커머스를 비즈니스를 시작하고, 오픈마켓 담당자들이 확대되면서 관계 중심의 비즈니스가 성장을 했습니다. 즉, 일정 규모의 회사들이 온라인 비즈니스를 더 잘할 수 있는 환경이 되었고, 작은 업체들은 오픈마켓에서 광고비를 사용하면 손해를 보기가 쉬웠습니다.

최근 몇년 전부터 다시 개인 창업 혹은 투잡으로 개인의 이커머스 창업이 붐이 일어나기 시작했습니다. 이는 기존 플랫폼의 규칙을 바꾼 네이버 스마트스토어와 쿠팡의 영향이 크다고 볼 수 있겠습니다. 두 플랫폼은 '신규 창업자'와 '소규모 창업자'들도 판매 기회를 얻을 수 있는 '최신성 점수'와 셀러들에게 판매 데이터를 많이 제공해 판매와 노출 기회를 찾을 수 있는 기회를 주었습니다. 그리고 관계 중심이 아닌 플랫폼과 시스템 중심으로 바뀌여서 '영업력'으로 매출을 올리지 않아도 되어 '작은 회사'가 오히려 장점이 될 수 있는 상황입니다.

그렇기 때문에 이커머스를 성장시키고 싶은 회사나 기업은 오프라인 유통 채널과 같이 영업 기반의 판매촉진 전략이 아닌 데이터 기반의 분석력을 많이 올려야 하는 동시에 창의적인 영역에서 개발이 지속적으로 이루어져야 합니다.

예전엔 오프라인 시장에 접점에서 같이 진열되고 있는 회사가 경쟁사였다면, 지금은 구매대행 하고 있는 1인 소규모 기업도 우리의 경쟁사입니다. 실제로 국내 시장 점유율 1위를 7년간 유지하다, 1인 소규모 직구 업체의 수입제품이 쏟아지면서 전체 매출이 급격하게 떨어졌던 경험이 있습니다. 그 시장의 균열을 내버린 건 온라인이었습니다. 더 이상 오프라인의 진열의 경쟁이 필요없는 시대가 찾아왔습니다.

회사에서 이커머스를 한다는 것

개인 이커머스 시장은 스마트스토어 판매를 시작해 중국 구매대행까지 확대되고, 이를 서포트할 많은 솔루션과 강의들이 불야성을 이루고 있는데요. 이들은 어디서, 얼만큼 팔지에 대한 고민보다는 어떤 제품을 팔아야 될지부터 고민합니다.

한편 기업에서의 이커머스는 무엇을 팔지에 대한 고민보다, 어디서 얼만큼 효율적으로 판매할지에 대한 고민을 할 수 있는 것이 장점입니다. 개인 판매자가 종종걸음으로 나아간다면, 다행히도 회사는 우아하게 큰 폭의 발걸음으로 나아갈 수 있다고나 할까요. 이 장점을 최대한 활용해야 개인 판매자들과 경쟁하여 우위를 점할 수 있습니다.

하지만 개인 창업자나 작은 이커머스 기업들은 트렌드에 매우 민감하고 빠르게 흡수하거나 시장에 대응을 하는 반면, 회사에서는 그 변화의 속도를 따라가지 못하는 경우가 많습니다. 그렇기 때문에 트렌드에 민감하고 역동적으로 일을 해나가는 전문 인력이 반드시 필요합니다.

– 3 –

창업하셔도 성공하시는 거 아닌가요

온라인 비즈니스를 하면서 많은 분들이 창업을 한 분들을 많이 봤지만 잘된 분들은 손에 꼽습니다. 특히 외부몰에서 MD를 하며 많은 인맥 네트워크를 믿고 퇴사를 했던 분들이 고전하거나, 특정 회사의 제품을 매우 판매를 잘해서 자신감을 가지고 퇴사를 했다가 고전하는 모습도 봤습니다.

회사에서 이커머스 고성과자였던 분들이 창업을 해도 성공하기 어려운 이유는 앞서 말씀드린 대로 회사의 이커머스는 '물건을 판매' 하는 본연의 업무보다 회사에서 요구하는 기타 업무의 비중이 높기 때문일지도 모르겠습니다. 그리고 '상품 제작' 부분은 대부분 패스할 수 있기 때문에, 제품에 대한 책임감이 개인 판매자와도 다를 수 있습니다. 이처럼 초기에는 회사에서의 이커머스를 '물건을 판매하기 위한 전략'보다 회사에서 이커머스 비즈니스를 인정을 받으며 성장하는 방향을 고려하는 것이 합리적입니다. 사전에 비즈니스 모델을 충분히 협의하고, 그 협의한 계획과 방향으로 나아가고, 그 방향에 따른 약속된 결과물을 만들어내는 것이 중요합니다. 월 10억 원의 매출 계획에서 5억 원을 해도 15억 원을 해도 비즈니스 리스크입니다.

그렇기 때문에 사업계획을 기획하고, 시장 상황에 맞는 목표 설정, 그 목표 달성을 위한 인력 배치, 그리고 방문한 고객을 섬기며 감동시킬 수 있는 프로세스의 구축이야말로 회사의 이커머스가 성장할 수 있는 궁극적인 목표라고 생각합니다.

참고문헌

1. "Social Shopping in 2022: Consumer Behaviors in the Social Shopping Cart", Sprout Social. https://sproutsocial.com/insights/data/social-shopping-2022/.

2. "The State of Personalization Report 2023", Twillio Segment. https://segment.com/state-of-personalization-report/.

3. "Ecommerce Marketing Trends: Navigating What's New 2023", Linkindotts. https://linkingdotts.com/ecommerce-marketing-trends/.

4. "Money Trends 2023", Shopify. https://www.shopify.com/plus/commerce-trends/money.

5. 교보증권, <이커머스: 양보단 질> (2023)

6. 통계청, 2023 온라인쇼핑 동향조사

7. 오픈서베이, 온라인 쇼핑 트렌드 리포트 2023

8. Statista, Market share of leading e-commerce software platforms and technologies worldwide as of 2023

9. 세스 고딘, 『마케팅이다』, 김태훈 역 (쌤앤파커스, 2019)

10. "15 Critical Ecommerce Metrics You Must Track", shopify. https://www.shopify.com/blog/basic-ecommerce-metrics.

11. "Ecomm Landing Pages Have a Median Conversion Rate of 5.2%", unbounce. https://insights.unbounce.com/insight/1645128589968x477277823917883400.

12. "Repeat Customer Rate", geckoboard. https://www.geckoboard.com/best-practice/kpi-examples/percent-returning-customers/.

13. "Customer Acquisition Vs.Retention Costs – Statistics And Trends", Invesp. https://www.invespcro.com/blog/customer-acquisition-retention/.

14. "Bounce Rates: What's Good, What's Bad, and Why You Should Give a Damn", customedialabs. https://www.customedialabs.com/blog/bounce-rates/.

15. "What's a Good Net Promoter Score? (Hint: It's Not What You Might Expect)", Inc..https://www.inc.com/dana-severson/whats-a-good-net-promoter-score-hint-its-not-what-you-might-expect.html.

16. "Click-Through Rate (CTR): Understanding Click-Through Rate for PPC", WordStream. https://www.wordstream.com/click-through-rate.

17. "Average email marketing campaign stats of Mailchimp customers by industry", Mailchimp. https://mailchimp.com/resources/email-marketing-benchmarks/.

18. Ryan Daniel Moran and Russell Brunson, 12 Months to $1 Million (Dalls:BenBella Books, 2020)

19. 대신증권, 산업분석 리포트 (2023.06)

20. 인크로스 미디어 리포트 (2023.06)

21. "How retailers can keep up with consumers", McKinsey & Company. https://www.mckinsey.com/industries/retail/our-insights/how-retailers-can-keep-up-with-consumers.

22. "ASOS – the online fashion giant you've probably never heard of," February 1, 2018, The Guardian.

23. "How ASOS Gets 58% of Customers to Buy on Mobile," September 27, 2018, Econsultancy.

24. "Collaborative Filtering for Implicit Feedback Datasets," 2008, Yifan Hu, Yehuda Koren, Chris Volinsky.

25. "Amazon Prime: A Case Study in Customer-Centricity," April 22, 2020, Forbes.

26. "The Power of the 1-Click Patent: What Was, What Is, and What May Be," September 18, 2017, IPWatchdog.

처음 만나는 회사용 이커머스 가이드북

회사에서 이커머스를 시작합니다

1판 1쇄 인쇄 2024년 1월 20일
1판 1쇄 발행 2024년 1월 25일

———

지 은 이 한이룸
발 행 인 이미옥
발 행 처 디지털북스
정　　가 20,000원
등 록 일 1999년 9월 3일
등록번호 220-90-18139
주　　소 (04997) 서울 광진구 능동로 281-1 5층 (군자동 1-4, 고려빌딩)
전화번호 (02) 447-3157~8
팩스번호 (02) 447-3159

———

ISBN 978-89-6088-447-2 (13320)
D-24-02